BRINCAR, JOGAR
E APRENDER

Dados Internacionais de Catalogação na Publicação (CIP)
(Câmara Brasileira do Livro, SP, Brasil)

Brincar, jogar e aprender : práticas que inspiram o educador e facilitam a aprendizagem / Tiago Aquino da Costa e Silva, Alipio Rodrigues Pines Junior. – Petrópolis, RJ : Vozes, 2020.
Bibliografia.
ISBN 978-85-326-6356-6
1. Aprendizagem 2. Atividades 3. Brincadeiras 4. Educação – Finalidades e objetivos 5. Jogos 6. Professores – Formação I. Silva, Tiago Aquino da Costa e. II. Pines Junior, Alipio Rodrigues.

19-30994   CDD-155.422

Índices para catálogo sistemático:
1. Brincadeiras e jogos : Desenvolvimento motor : Psicologia infantil   155.422

Maria Alice Ferreira – Bibliotecária – CRB-8/7964

Tiago Aquino da Costa e Silva
Alipio Rodrigues Pines Junior
(organizadores)

BRINCAR, JOGAR E APRENDER

Práticas que inspiram o educador e facilitam a aprendizagem

EDITORA VOZES

Petrópolis

© 2020, Editora Vozes Ltda.
Rua Frei Luís, 100
25689-900 Petrópolis, RJ
www.vozes.com.br
Brasil

Todos os direitos reservados. Nenhuma parte desta obra poderá ser reproduzida ou transmitida por qualquer forma e/ou quaisquer meios (eletrônico ou mecânico, incluindo fotocópia e gravação) ou arquivada em qualquer sistema ou banco de dados sem permissão escrita da editora.

CONSELHO EDITORIAL

Diretor
Gilberto Gonçalves Garcia

Editores
Aline dos Santos Carneiro
Edrian Josué Pasini
Marilac Loraine Oleniki
Welder Lancieri Marchini

Conselheiros
Francisco Morás
Ludovico Garmus
Teobaldo Heidemann
Volney J. Berkenbrock

Secretário executivo
João Batista Kreuch

Editoração: Elaine Mayworm
Diagramação: Sheilandre Desenv. Gráfico
Revisão gráfica: Nilton Braz da Rocha / Fernando Sergio Olivetti da Rocha
Capa: Felipe Souza | Aspectos

ISBN 978-85-326-6356-6

Editado conforme o novo acordo ortográfico.

Este livro foi composto e impresso pela Editora Vozes Ltda.

Este livro é dedicado a todos os educadores do Brasil que fazem a diferença positiva na vida de crianças e adolescentes.

Os autores

Sumário

Biologia na infância – Nunca foi tão importante o olhar do desenvolvimento motor, 11
Mário Luis Biffi Pozzi

Campos de Experiências, 15
Waldiney Alexandre dos Santos Silva

Brincadeiras e xadrez, 26
Michela das Graças Resende Ribeiro

Atividades aquáticas, 32
Michela das Graças Resende Ribeiro

Brincando com as mãos, 37
Liana Cristina Pinto Tubelo

A percussão corporal e o lúdico, 44
Marília Camargo da Silva Araújo

Circuitos motores, 53
Rayane Monique Faria

Jogos para pequenos espaços, 60
Rayane Monique Faria

Jogos cooperativos, 64
Cristiano dos Santos Araújo

Atividades sem material, 73
André Silva Barros

Brincadeiras de atletismo, 80
André Silva Barros

Brinquedos estoriados, 86
Liana Cristina Pinto Tubelo

Brincadeiras circenses, 94
Francislene de Sylos

Jogos africanos, 100
Rafael Fiori

Jogos indígenas, 105
Rafael Fiori

Jogos com tampinhas, 109
Volney Paulo Guaranha

Jogos de pega-pega, 114
Volney Paulo Guaranha

Jogos de queimada, 120
Volney Paulo Guaranha

Brincadeiras para bebês, 127
Bruno Leandro Ribeiro da Cunha Accorsi

Brincadeiras para os pequenos, 134
Bruno Leandro Ribeiro da Cunha Accorsi

Grandes jogos, 140
Taísa Gargantini Pace

Jogos matemáticos, 150
Fernando José Casati dos Santos

Brincadeiras cantadas, 155
Rodrigo Lucas (Tio Rodrigo)

Atividades com materiais alternativos, 162
Bruno Rossetto de Góis

Jogos psicomotores, 168
Bruno Rossetto de Góis

Brincadeiras educativas, 176
Luis Felipe Cordeiro

Brincadeiras, jogos e esportes, 181
Victor César Shing

Brinquedos para bebês, 187
Bruna Cristina Querubim Adriano

Brincadeiras e brinquedos com materiais recicláveis, 191
Janaína Aparecida Silveira Rosa

Jogos de improviso, 196
Tiago Aquino da Costa e Silva, Alipio Rodrigues Pines Junior e
José Pedro Scarpel Pacheco

Brincadeiras historiadas, 201
Cristiano dos Santos Araújo

Jogos tradicionais infantis, 208
Mérie Hellen Gomes de Araújo da Costa e Silva

Brincadeiras de ginástica artística e rítmica, 221
Aline Diane de Freitas Zumba Rodrigues

Corpo e movimento, 232
Marília Cristina da Costa e Silva

Brincadeiras em família, 239
Patrícia Danieli Horn

Dá licença, natureza, podemos brincar?, 243
Luciana Queiroz Rodrigues Moreira

O jogo e o bebê – O brincar na constituição do sujeito, 247
Giselle Frufrek

Os jogos e os adolescentes, 253
Rubens Rollo Cavallin Junior

Atividades de iniciação esportiva, 259
Luis Gonzaga Veneziani Sobrinho

Os autores e organizadores, 268

Biologia na infância
Nunca foi tão importante o olhar do desenvolvimento motor

Mário Luis Biffi Pozzi

Pela primeira vez na nossa evolução deixamos de ser os humanos artesãos e passamos a ser humanos que criam. Essas e outras mudanças, como a necessidade exagerada de segurança e o desenvolvimento tecnológico, nos colocam num mundo moderno de sedentarismo. Não vamos colocar a culpa em ninguém. Esse não é o objetivo dessa discussão. Nem podemos afirmar isso. Essa é a nossa nova realidade.

Então, temos que encontrar soluções para isso tudo que está acontecendo, pois a necessidade de desenvolver as capacidades motoras é uma alternativa palpável e necessária nesse cenário atual.

Não vamos novamente errar e colocar esse desenvolvimento como um fim no que fazemos, mas como ele sempre deveria ter sido usado, como um meio. Um meio para levar crianças e adolescentes a ter capacidades desenvolvidas para buscar o que tiverem interesse e se sentirem motivados a fazer. Não estamos falando em desenvolvê-los para que joguem mais e melhor, mas para que possam fazê-lo quando e onde quiserem. Essa é uma questão importante para a nossa discussão. Anteriormente, recebíamos nas aulas crianças com muita atividade antes de chegar no cenário da escola. Hoje e daqui para frente vamos receber cada vez menos esse diferencial pelos problemas expostos acima.

A Educação Física Escolar pode e deve ser o primeiro passo para o desenvolvimento das crianças, oferecendo a elas pelo menos o mínimo necessário para conseguirem vivenciar o que sentirem vontade ou o que as motivem.

Capacidade motora é um traço ou qualidade geral do indivíduo relacionada ao seu desempenho numa diversidade de habilidades ou de tarefas. Referem-se à potencialidade individual para a execução de habilidades motoras, que podem ser desenvolvidas pelo treinamento. Por exemplo: todos nascemos com um potencial para desenvolvermos a força, ou a resistência. Acredita-se que as capacidades motoras sejam determinadas geneticamente, mas não podem ser quantificadas (não se pode afirmar até onde um indivíduo pode desenvolver a velocidade ou a flexibilidade), porque, para atingir o potencial individual, existem muitos fatores a considerar (MAGILL, 2000).

O período de desenvolvimento de cada uma das capacidades é diferente, razão pela qual uma ginasta pode atingir o seu auge antes de um futebolista, por exemplo. Além do mais, no desporto/esporte é muito difícil que as capacidades motoras sejam requeridas em forma pura e, geralmente, manifestam-se de forma associada (WEINECK, 2005).

Sendo assim, o desenvolvimento das capacidades motoras precisa acontecer antes do próprio esporte (que pode ser um motivador). Mas sem o desenvolvimento daquelas, este não existe. São elas: flexibilidade, coordenação, velocidade, força e resistência, bem como as suas diversas manifestações, como, por exemplo: agilidade e potência.

Cada uma dessas capacidades tem um período de desenvolvimento especial na vida. Entretanto, todas acontecem na infância e na adolescência, entre 3 e 18 anos de idade. Algumas com maior ênfase de desenvolvimento na infância, como o caso da velocidade. Outras no final da adolescência, como a força.

Com essa percepção biológica do desenvolvimento, e agora com a importância do lúdico, das necessidades sociais, neurais, emotivas, entre outras, o educador tem em mãos a oportunidade de fazer a diferença numa geração.

Se o professor tiver esse discernimento do macro, do que acontece em cada fase de desenvolvimento das capacidades físicas, bem como o todo que está envolto nas necessidades da infância e da adolescência, nos tornaremos a base para vencer o sedentarismo adulto. Mesmo porque renegar essa fase de extrema importância que acontece basicamente na escola é deixar de atuar no mundo moderno. Fazer isso tudo é se posicionar no desenvolvimento humano, não somente pensando em oferecer saúde, ou condições atléticas, mas cuidar do ser humano de forma completa e complexa.

Nesta obra estão reunidos *professores brilhantes* que enxergam o todo e podem nos ajudar a construir o novo.

Referências

MAGILL, R.A. *Aprendizagem motora* – Conceitos e aplicações. São Paulo: Edgard Blücher, 2000.

WEINECK, J. *Biologia do esporte*. Barueri: Manole, 2005.

Campos de Experiências

Waldiney Alexandre dos Santos Silva

A partir do artigo 9º das Diretrizes Curriculares Nacionais da Educação Infantil, os Campos de Experiências foram estruturados de forma que a organização do currículo fosse adequada para esta etapa da educação básica que vai de 0 a 6 anos de idade, no que diz respeito aos conhecimentos que são trabalhados nesta faixa etária, proporcionando de modo interativo e no lúdico diferentes experiências de aprendizagem.

As Diretrizes Curriculares Nacionais da Educação Infantil (DCNEIs) descrevem que as práticas pedagógicas que compõem a proposta curricular da Educação Infantil devem ser organizadas tendo em sua essência as interações e as brincadeiras como eixos norteadores, e, através das interações e brincadeiras propostas, garantir as experiências descritas nas DCNEIs.

Sendo assim, a Base Nacional Comum Curricular traz em sua concepção elementos presentes nas Diretrizes, relacionados à concepção de criança e os eixos estruturantes (interações e brincadeiras) das práticas pedagógicas que compõem essa etapa da educação. A partir dos eixos estruturantes o que se busca garantir, portanto, são os seis direitos de aprendizagem e desenvolvimento na Educação Infantil: conviver, brincar, participar, explorar, expressar e conhecer-se.

Para tanto, na prática pedagógica desenvolvida diariamente muitas vezes o olhar para os campos de experiências, bem como para os direitos de aprendizagens que a Base traz em sua essência, perdem-se por não aguçarmos o olhar para a criança e suas potencialidades.

Em uma tentativa de elucidar como os campos de experiências estão presentes em atividades cotidianas na Educação Infantil, este escrito apoia-se em uma brincadeira tradicional que está presente no contexto escolar, seja ela desenhada com giz, pintada no chão ou construída com tatames de borracha, a amarelinha.

Ao propor uma atividade com brincadeiras tradicionais como "pular amarelinha", o que podemos ensinar e aprender com as crianças?

Quando no âmbito da Educação Infantil fala-se do "Eu, do Outro e do Nós", o que é referido? O que se espera diante da observação sobre si, sobre o outro e sobre todos? Na Educação Infantil a leitura de imagens constitui-se em ferramenta de extrema importância, pois através dessa prática o professor consegue extrair da criança informações e saberes que podem ser partilhados com todos do grupo.

A partir da leitura de imagem (foto de uma "amarelinha", p. ex.) os conhecimentos pessoais, do outro e do grupo vão sendo socializados, e assim a troca de saberes acontece. Normalmente na Educação Infantil essa socialização acontece em roda de conversa, momento no qual as crianças compartilham seus saberes e impressões do mundo.

Nessas interações com seus pares, com o professor, os pequenos vão construindo seu modo de pensar, sentir, agir e descobrindo assim as diferenças entre seus pares, formam suas experiências sociais, identificam-se.

Segundo a BNCC, "é na interação com os pares e com adultos que as crianças vão constituindo um modo próprio de agir, sentir e pensar e vão descobrindo que existem outros modos de vida, pessoas diferentes, com outros pontos de vista. Conforme vivem suas primeiras experiências sociais (na família, na instituição escolar, na coletividade), constroem percepções e questionamentos sobre si e sobre os outros, diferenciando-se e, simultaneamente, identificando-se como seres individuais e sociais. Ao mesmo tempo em que participam de relações sociais e de cuidados pessoais, as crianças constroem sua autonomia e senso de autocuidado, de reciprocidade e de interdependência com o meio" (p. 38).

Explorando a brincadeira tradicional e tão popular em diferentes regiões do Brasil, é possível visualizar o segundo campo de experiência descrito na Base, "Corpo, gestos e movimentos". E o que se espera? O pular amarelinha, portanto, passa a ser dinamizado com o corpo. Após socialização e contextualização, explorando as diferentes vivências e saberes sobre a brincadeira, ao experimentar na prática o brincar de amarelinha é que vivenciaremos o trabalho corporal.

Desde pequenos exploramos o mundo, os diferentes espaços e objetos que compõem o seu entorno, criamos relações, expressões diversificadas, brincamos e assim produzimos conhecimento.

A criança precisa utilizar diferentes posturas corporais para realizar a brincadeira; sendo assim, pauta-se em diferentes movimentos (gira, pula, abaixa, levanta), aguça tanto movimentos globais quanto movimentos mais específicos (pinçar, preensão palmar).

Assim como descrito na Base, "as crianças, desde cedo, exploram o mundo, o espaço e os objetos do seu entorno, estabelecem relações, expressam-se, brincam e produzem conhecimentos sobre si, sobre o outro, sobre o universo social e cultural, tornando-se, progressivamente, conscientes dessa corporeidade", e ainda neste espírito lúdico e "na interação com seus pares exploram e vivenciam

17

um amplo repertório de movimentos" e também de "gestos, olhares, sons e mímicas com o corpo, para descobrir variados modos de ocupação e uso do espaço com o corpo (tais como sentar com apoio, rastejar, engatinhar, escorregar, caminhar apoiando-se em berços, mesas e cordas, saltar, escalar, equilibrar-se, correr, dar cambalhotas, alongar-se etc.)" (BRASIL, 2017, p. 38-39).

Traços, sons, cores e formas na amarelinha? Por que não? Para brincar de amarelinha muitas vezes faz-se necessário desenhá-la, correto? Torna-se evidente a presença do campo de experiência mostrado na BNCC, pois a brincadeira traz em sua essência um resgate histórico, e a vivência de diferentes manifestações culturais vale a exploração do contexto histórico da amarelinha, um passeio por sua origem, modos de brincar, modos de traçar. Além da possibilidade da exploração dos diferentes traçados, das diferentes formas de desenhá-la, de produzi-la com diferentes materiais, explorar obras famosas, como a de Ivan Cruz, que traz crianças brincando de amarelinha.

Nesse sentido, a BNCC descreve que "conviver com diferentes manifestações artísticas, culturais e científicas, locais e universais, no cotidiano da instituição escolar, possibilita às crianças, por meio de experiências diversificadas, vivenciar diversas formas de expressão e linguagens, como as artes visuais (pintura, modelagem, colagem, fotografia etc.), a música, o teatro, a dança e o audiovisual, entre outras e, com base nessas experiências, as crianças se expressam por várias linguagens, criando suas próprias produções artísticas ou culturais, exercitando a autoria (coletiva e individual) com sons, traços, gestos, danças, mímicas, encenações, canções, desenhos, modelagens, manipulação de diversos materiais e de recursos tecnológicos" (p. 39).

Relacionado ao campo de experiência, "escuta, fala, pensamento e imaginação", pular amarelinha possibilita diferentes formas de experimentação. Quando convidamos as crianças à oralidade dentro da roda de conversa, podemos envolvê-la em sua totalidade. Os questionamentos sobre o que sabem sobre a brincadeira, se já viram alguma desenhada ou pintada no chão, fazer a leitura de imagens dos diferentes tipos de amarelinha, desenvolver a competência de ouvinte, ampliar o vocabulário através da oralidade, instigar o pensamento crítico através da observação, instigá-las a imaginar são possibilidades de exploração do campo dentro da brincadeira, pois "[...] é importante promover experiências nas quais as crianças possam falar e ouvir, potencializando sua participação na cultura oral, pois é na escuta de histórias, na participação em conversas, nas descrições, nas narrativas elaboradas individualmente ou em grupo e nas implicações com as múltiplas linguagens que a criança se constitui ativamente como sujeito singular e pertencente a um grupo social" (BRASIL, 2017, p. 40).

A amarelinha pode ser jogada em diferentes espaços, como a rua, a escola, calçadas; uma brincadeira para o dia ou para a noite, para os dias chuvosos ou ensolarados, e ainda pode-se utilizar a marcação temporal de jogadas, trabalhar com o conceito de quantidade, contagem, ordem, distância, reconhecimento de formas. Quando abordamos tais conhecimentos, falamos de "espaços, tempos, quantidades, relações e transformações".

A Base diz ainda, relacionado a este campo, que "nessas experiências e em muitas outras as crianças também se deparam, frequentemente, com conhecimentos matemáticos"; neles experimentam contagem, ordenação, relações entre quantidades, dimensões, medidas, comparação de pesos e de comprimentos, avaliação de distâncias, reconhecimento de formas geométricas, conhecimento e reconhecimento de numerais cardinais e ordinais etc., que igualmente aguçam a curiosidade.

Possibilitar para as crianças as diferentes vivências em uma brincadeira tão simples, porém tão significativa, consiste em entender como os campos de experiência estão presentes nas atividades desenvolvidas muitas vezes automaticamente, no cotidiano da escola. Assim, quando o educador aguça os sentidos para a sua prática, certamente fica evidente que garantimos os direitos da criança amparados nos campos de experiência propostos pela Base Nacional Comum Curricular de forma lúdica e prazerosa.

Repertório

O eu, o outro e o nós

Brincando com cartões coloridos

Nesta atividade, o professor pode trabalhar o campo de experiência "O eu, o outro e o nós", garantindo o direito de participar, ampliando o conhecimento de mundo e ainda manipulando diferentes materiais e conhecendo as suas diferentes características.

Confeccione cartões das cores azul, amarela, vermelha e verde e para cada cor estabeleça um movimento corporal (à escolha do professor). Em roda, o professor explica qual tipo de movimento deverá ser realizado de acordo com a cor escolhida. Quando o professor levantar o cartão com a cor selecionada, as crianças deverão realizar o movimento dito previamente pelo professor.

Pipoca na panela

Na atividade "Pipoca na panela" podemos trabalhar o campo de experiência "O eu, o outro e o nós", garantindo o direito de brincar e participar. Em roda exploramos o texto a seguir, instigando as crianças a recitarem a letra da música *Pipoca*:

Uma pipoca estourando na panela,
Outra pipoca vem correndo conversar,
Aí começa um tremendo falatório,
E ninguém mais consegue se entender.

É um tal de ploc (pulo pra frente)
Plo-plocplocploc (4 pulos pra trás)
Plo-plocplocploc (4 pulos pra direita)
Plo-plocplocploc (4 pulos pra esquerda)

É um tal de ploc (pulo pra frente)
Plo-plocplocploc (4 pulos pra trás)
Plo-plocplocploc (4 pulos pra direita)
Plo-plocplocploc (4 pulos pra esquerda)

Após a exploração da letra da música escrita juntamente com as crianças, distribuímos pedacinhos de papel crepom branco para todas as crianças e, juntos, confeccionamos bolinhas de papel para serem coladas nas panelas desenhadas em papel cartolina. Após cada criança colar a sua bolinha, com algodão ou esponja e tinta amarela cada criança vai tingindo as bolinhas coladas representando as pipocas.

Corpo, gestos e movimentos

O mar está para peixe

Para esta atividade, garantimos como direito de aprendizagem o brincar e o participar. Com um pedaço de TNT azul, tamanho suficiente para que toda a turma possa segurá-lo, faça um grande lago. Com uma bola de isopor grande faça um lindo peixe, utilizando para fazer as nadadeiras e a cauda retalhos de EVA.

Com as crianças posicionadas comece a cantar a música "Se eu fosse um peixinho", junto com a turma; quando o nome da criança é cantado na música, todos devem balançar o lençol para que o peixinho chegue até a criança cujo nome foi cantado na música.

Meu corpo

Na atividade "Meu corpo" garantimos os direitos de aprendizagem de participar e brincar. Com papel craft ou cartolina, desenhamos a silhueta de um menino e de uma menina. De forma coletiva todos contribuirão para a construção do cartaz. Exploramos a oralidade e escrita também nesta atividade, atuando como escriba, nomeando as partes do corpo no cartaz.

Após o término do cartaz em círculo, organizamos as crianças de forma que todos possam se observar e, com a música "Cabeça, ombro, joelho e pé", finalizamos a atividade.

Traços, sons, cores e formas

Diferentes texturas nas pontas dos dedos

Para a atividade proposta, os direitos de aprendizagem evidenciados são o de participar e criar. Ofereça diferentes texturas de papel para que as crianças rasguem livremente. As crianças trabalham em círculo para que todas interajam. Após rasgarem os diferentes tipos de papel, as crianças recebem metade de um papel-cartão e cola branca para que criem seus mosaicos. A criação é livre, a fim de que as crianças desenvolvam imaginação e criação. Durante a atividade as crianças escutam músicas instrumentais, o que auxilia na concentração de todos.

Terminadas as obras de arte, todos são convidados a apreciar as criações em uma exposição.

Tapete das cores e formas

Para a atividade proposta, os direitos de aprendizagem evidenciados são o de participar, explorar, brincar, conhecer. Com uma caixa grande de papelão confeccionamos um dado. Em cada face, uma forma geométrica com diferentes cores. Com papel craft ou TNT, construa um tapete que contenha as formas geométricas presentes no dado das formas. Ao lançar o dado, e de acordo com a forma que cair, a criança que estiver posicionada na coluna daquela forma geométrica anda uma casa. A brincadeira pode ser feita com 6 crianças. Pode-se também deixar uma face do dado neutra sem nenhuma forma colada. Durante a atividade, as interações são bem significativas para as crianças.

Escuta, fala, pensamento e imaginação

Baú dos segredos

Para esta atividade, os direitos de aprendizagem que podemos contemplar são os de participar, explorar, expressar, brincar, conviver. Em uma caixa decorada, coloque diferentes materiais: tampa de panela, escova, colher de pau, adereços de festa, pente de cabelo, caixinhas diversas etc., e convide as crianças a aguçarem a curiosidade. O que será que vai sair de dentro da caixinha? Chamamos as crianças e através de um buraco na tampa elas vão tatear os objetos e tentarem descobrir do que se trata. Após essa exploração das características deles, o professor pode criar uma história utilizando tais objetos. Vale abusar da imaginação neste momento.

Lindas borboletas

Para a atividade proposta dentro do campo de experiência *Escuta, fala, pensamento e imaginação*, os direitos de aprendizagem que podem ser garantidos são os de brincar e se expressar. Convide as crianças à observação. Leve-as para o externo da sala, jardim, praça, entorno da escola, para que observem as borboletas. Além da observação das borboletas no jardim, exploramos a leitura de imagens com telas de pintores famosos que retratem as borboletas, a leitura de poemas e a audição de músicas que tenham a mesma temática, à escolha do professor. Finalizando a atividade e abusando das cores, desenhe em uma cartolina o corpo de uma borboleta e, com as mãos das crianças pintadas de tinta de diferentes cores, coletivamente construam suas asas. A atividade fica supercolorida.

Espaços, tempos, quantidades, relações e transformações

Tampinhas divertidas

Na atividade, os direitos de aprendizagem que garantimos são os de brincar, conviver, participar, explorar. Junte tampinhas de pet de diversas cores em montinhos no chão. Pode-se utilizar a área externa ou sala de aula para a realização da atividade. Ao primeiro som do apito, as crianças vão alternando o transporte das tampinhas para o outro lado. Com os dedos dos pés, as crianças devem pegar as tampinhas e caminhar pulando em um pé só até a marca estabelecida e colocá-las dentro da caixinha disposta ao final do trajeto. No segundo toque do apito, todos param para realizar a contagem junto com o professor.

Biscoito saudável

Na atividade proposta, os direitos de aprendizagem que garantimos são os de brincar e participar. Para a atividade realizamos a escrita da receita junto com as crianças, a fim de que elas observem que o que falamos podemos escrever também. Confeccione o chapéu do cozinheiro com um pedaço de cartolina branca de aproximadamente 15cm de largura e cole papel crepom branco, unindo as pontas em cima.

Após a confecção do chapéu e a higiene das mãos, os ingredientes são apresentados às crianças, explorando as quantidades, medidas, e observando as transformações que vão ocorrendo quando os ingredientes são misturados. Lembrando que neste momento a exploração da oralidade pode ser feita de forma intensa. Para fazer o biscoito vamos usar: 1 xícara de aveia, 1 xícara de açúcar, 1 xícara de farinha de trigo, 1 ovo, 1 colher de manteiga, 1 colher de fermento em pó.

Todo esse processo as crianças podem acompanhar observando como é medido, com a apresentação dos materiais de medida dos ingredientes, e como é importante seguir o passo a passo para que tudo dê certo. Em seguida, explore o como fazer: misture a aveia, o açúcar, a farinha de trigo e o fermento. Adicione a manteiga e junte o ovo misturando bem. Após essa etapa, unte as mãos com farinha e forme bolinhas com a massa, levando ao forno em seguida por 15 a 20 minutos.

Na atividade as explorações são diversas. O professor pode convidar as crianças a observar o antes e o depois, a questão do tempo necessário para ficar pronto, a temperatura do forno, o que são os ingredientes secos e os molhados, de onde vêm os ingredientes. Dá para abusar da imaginação e da aprendizagem neste momento.

Referências

LARROSA, J. Notas sobre a experiência e o saber de experiência. In: *Tremores* – Escritos sobre a experiência. Belo Horizonte: Autêntica, 2002, p. 15-34.

BRASIL. *Base Nacional Comum Curricular (BNCC)*. Educação é a base. Brasília: Mec/Consed/Undime, 2017 [Disponível em http://basenacional comum.mec.gov.br/images/BNCC_publicacao.pdf – acesso em 28/07/2018].

Brincadeiras e xadrez

Michela das Graças Resende Ribeiro

É possível perceber que, durante as aulas, em alguns momentos existe uma dificuldade de concentração e raciocínio lógico por parte de alguns alunos. O que tem sido um fato preocupante entre os educadores, pois estes são essenciais para uma aprendizagem mais significativa. Temos como intenção apresentar ao educador estratégias pedagógicas para aprimorar essas habilidades, visando a melhoria do desenvolvimento e a aprendizagem dos alunos.

É nesse ponto que se insere a importância do xadrez como instrumento pedagógico. Observamos um aumento na implantação do xadrez nas escolas pelos estudos feitos em países de Primeiro Mundo, onde a prática do xadrez escolar demonstrou ser importante coadjuvante no processo ensino-aprendizagem. Podemos extrair desse jogo vários benefícios em relação aos valores – pedagógico, esportivo, cognitivo, artístico, cultural, social e psicológico –, utilizando-o para o bem comum como formador de novas competências. As escolas deverão se adaptar às novas realidades do ensino moderno, onde a tendência da educação é priorizar o xadrez em sala de aula.

Diante disso, o xadrez é uma alternativa muito válida, de modo que seja um instrumento interdisciplinar que auxilie educadores dos mais diferentes campos de atuação ao utilizar o jogo como elemento educacional.

Estudiosos do xadrez consideram que a inclusão do jogo no contexto escolar é uma das possibilidades de fazer com que os alunos desenvolvam habilidades e competências que aumentem sua percepção de tempo e espaço, e melhorem a paciência, a tolerância, a perseverança e o autocontrole.

O xadrez pedagógico também desenvolverá nos alunos valores éticos e morais, condutas como do "saber ganhar e perder", do respeito às regras e as restrições impostas por elas. Todos esses fatores essenciais para a formação humana do aluno.

Uma grande parte dos alunos apresenta diferenças socioculturais, e é na escola que estas podem ser percebidas e compreendidas, sendo o professor essencial na prática pedagógica e na vivência disso, buscando atividades voltadas para todas essas diversidades existentes.

Essa inclusão do xadrez como atividade curricular das escolas é uma maneira de diminuir as diferenças, desde que ela não esteja voltada só para aqueles "bons alunos" e sim para todos, principalmente para aqueles que apresentam mais dificuldades de aprendizagem, fazendo com que gostem de ir para a escola e queiram ficar mais tempo por lá.

Tenho uma experiência de 13 anos em sala de aula com o xadrez, e isso me fez ver que, como todo jogo, temos os que gostam e os que não gostam. Com o passar dos anos observei que os alunos que não gostavam do xadrez ficavam desmotivados e começavam a atrapalhar a concentração daqueles que gostavam.

Pensando em estratégias de ensino para resolver tal questão comecei a pesquisar novas estratégias de ensino, encontrei algumas brincadeiras que ajudavam na fixação de alguns movimentos e comecei a utilizá-las. Para minha surpresa, já fizeram diferença nas aulas e foi a partir desse momento que comecei a modificar e criar brincadeiras. Tenho conseguido um bom resultado.

Tenho uma sequência de aulas e jogos relacionados ao xadrez que deixam os alunos entusiasmados para a próxima aula, sem deixar de lado a aula tradicional e o jogo propriamente dito, porque é através dele que teremos todos os seus benefícios.

Repertório

Batalha de peões

Material: tabuleiro e peões.

O jogador deverá posicionar os peões na fila 2 (brancos) e fila 7 (pretos). Brancos iniciam a partida e as regras são as mesmas do jogo (avançar 2 casas na primeira vez, *en passant* e promoção). Vence aquele que conseguir eliminar mais peões.

Batalha de cavalos

Material: tabuleiro e 4 cavalos.

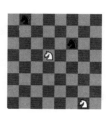

O jogador deverá posicionar os cavalos na sua casa inicial b1 e g1 (brancos) e b8 e g8 (pretos). Brancos iniciam a partida e não haverá captura. Vence aquele que conseguir chegar primeiro com seus cavalos na casa inicial adversária.

Gato e rato

Material: tabuleiro e peões.

Posicionar os 4 peões brancos (gato) nas casas pretas da fila H; na fila A, posicionar 1 peão preto (rato). O rato inicia a partida, sendo seu objetivo alcançar a última casa do tabuleiro. O gato tem por objetivo cercar o rato. Vence quem atingir seu objetivo.

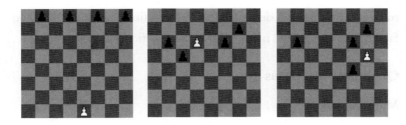

Queimada do Rei e da Rainha

Material: bola.

O jogo é realizado na quadra. Os jogadores serão divididos em duas equipes – branca e preta. Cada equipe deverá escolher um Rei e uma Rainha (independente do gênero, porque estamos trabalhando com peças do xadrez). Somente o facilitador e a própria equipe sabem quem são o Rei e a Rainha. Os outros jogadores serão todos peões (defensores) que podem usar escudo de defesa (mãos, ou fazer escudos de papelão – caixa de pizza). Inicia-se o jogo; quem for queimado vai para o capturado (cemitério) e não pode mais queimar, apenas cruzar. A Rainha, ao ser queimada, faz a delação do Rei, ficando todos sabendo quem é o Rei daquela equipe. Vence aquele que conseguir queimar o Rei adversário.

Pique-pega do xadrez

Material: cronômetro.

O jogo é realizado na quadra ou em espaço aberto. Cada participante estará com uma fita de TNT com o nome da peça. As peças poderão pegar apenas a mesma peça, que deverá se sentar. Rei, Rainha e Peão pegam todos. Só o Rei pode salvar suas peças (deverá salvar discretamente para não descobrirem). Vence quem colar o maior número de peças no tempo determinado. A identificação fica a critério do facilitador: escrever na mão o nome da peça, fichinha com nome etc.

Queimada das peças

Material: bola.

O jogo é realizado na quadra ou em espaço aberto. Cada participante receberá um colar com a peça. As peças queimadas irão para o capturado. Quem estiver no capturado não poderá queimar. Rei e Rainha queimam todos, as outras peças podem defender com as mãos. Torre, Cavalo e Bispo: queimarão, além das peças iguais, Rei, Rainha e Peão. Rei, Rainha e Peão: queimarão todos. Ex.: Torre não queima Bispo nem Cavalo.

Batalha das peças

Material: mapa e tabuleiro gigante.

O educador deverá fazer um mapa da estratégia para atravessar o tabuleiro sem cair no labirinto (casas vazias). Ao escolher uma casa (ex.: b1), deverá fazer o movimento da peça desta casa. Caso o movimento termine na casa vazia, volta ao início. Vence aquele que conseguir atravessar o campo de batalha primeiro.

Movimento: Torre e Bispo: máximo 3 casas; Dama: máximo 5 casas.

Xadrez em equipes

Material: Xadrez gigante ou tabuleiro didático, e quadro.

O jogo acontece num espaço aberto. Os jogadores serão divididos em duas equipes – branca e preta. Cada lance é realizado por um jogador. É permitido, antes de entrar no tabuleiro, combinar jogada. Após pisar no tabuleiro, ninguém poderá mais falar. Vence-se por xeque-mate ou contagem de pontos. Jogada irregular perde 3 pontos.

 Assista a videoaula do autor!

Atividades aquáticas

Michela das Graças Resende Ribeiro

O nadar é entendido como "qualquer ação motora que o indivíduo realiza intencionalmente para propulsionar-se através da água".
Langendorfer (1986, p. 63)

O interesse em relação às atividades aquáticas vem aumentando a cada ano entre pesquisadores, professores e estudiosos do assunto – Educação Física e outros!

A maioria das escolas hoje possui piscina e isso vem chamando atenção dos pais, por ser um diferencial que ajuda no processo de desenvolvimento da criança, ressaltando que o contato da criança com a água (piscina), principalmente nas séries iniciais, ajuda na necessidade de se integrar com o meio em que ela se encontra, com o objetivo de evitar possíveis problemas, tais como afogamento e medo.

Além disso, a preocupação ao frequentar locais como festas, clubes, praias, parques aquáticos faz com que os pais procurem desde cedo que seus filhos se familiarizem com o meio líquido.

Surge então a necessidade de prestar atenção nos objetivos e nas técnicas utilizadas na aula, buscando adotar condutas e estratégias que vão valorizar a criança no seu todo, através de atividades lúdicas.

Devemos utilizar o lúdico como instrumento didático, onde os jogos e as brincadeiras sejam propostos para proporcionar situações pedagógicas que estimulem a participação, a criatividade, a autonomia e o aprendizado de habilidades motoras aquáticas. Assim estaremos não só ensinando novas maneiras de se conduzir no meio líquido como também otimizando o aprendizado da natação.

Algumas vezes, as piscinas que encontramos nas escolas não são ideais para ensino e prática da natação. Através da experiência de ministrar aulas em escolas com as duas possibilidades, independente do ensino do esporte ou apenas das atividades aquáticas, o aspecto social foi perceptível para favorecer as relações entre os alunos e, como consequência, aumentar os laços de amizade, interesse em compartilhar experiências e ideias, entre outros.

Apresento aqui algumas brincadeiras que utilizo para que, através delas, possa-se ter novas possibilidades.

Repertório

Batalha de bolinhas

Material: saco de bolinhas de piscina, 2 cones e corda grande.

Os jogadores serão organizados em duas equipes. A piscina será dividida em duas partes iguais, bem como as bolinhas para as equipes. Após o apito, os participantes deverão jogar as bolinhas para o lado adversário. No final do tempo, será declarado vencedor quem tiver menos bolinhas em seu campo.

Cabo de guerra

Material: corda e cone.

Os jogadores serão divididos em duas equipes que estarão dispostas uma de cada lado da piscina. Após o apito de início, deverão puxar a corda até todos os adversários passarem do local marcado, podendo ser executado dentro ou fora da piscina.

Caça ao tesouro

Material: pedrinhas de aquário ou bolinhas de gude.

Os jogadores estarão dispostos em frente ao paredão e de olhos fechados. O educador deverá jogar as pedrinhas na piscina. Após o apito, todos deverão entrar na piscina e encontrar o tesouro. Não precisa ser mergulhando, poderá encontrar e buscar com o pé ou as mãos, por exemplo. Ao final do tempo predeterminado, quem tiver mais tesouros será o vencedor.

Prova da garrafa

Material: 2 ou 4 garrafas, 2 canecas ou copos plásticos.

É um estafeta. Os jogadores serão divididos em duas equipes, e ficarão posicionados com uma mão para trás. Ao sinal de início, deverão encher a caneca com água e sair em direção à garrafa. Não poderão encostar a caneca na água novamente. Colocar água na garrafa e voltar – nadando, andando ou correndo. Entregar a caneca na mão do próximo colega. Vence a equipe que encher primeiro a garrafa.

Formando palavras

Material: letras do alfabeto em EVA e bambolê.

Os jogadores formarão duas equipes e estarão posicionados em uma das bordas da piscina. No lado oposto, dentro da piscina, serão dispostos de forma aleatória as letras de EVA dentro dos bambolês! Ao sinal de início, o primeiro de cada equipe irá nadando (ou andando) ao encontro das letras, e deverá escolher uma delas e colocá-la na borda. E assim o próximo jogador realizará a mesma tarefa, até que uma das equipes organize uma palavra com 3 sílabas.

Obs.: Poderá trabalhar vários temas em conjunto com outras disciplinas.

Jogo das cores

Material: disco de cores e bolinhas coloridas.

Os jogadores serão organizados em duas equipes e posicionados em uma das bordas da piscina. No lado oposto, deverão estar as bolinhas coloridas. O facilitador vai girar o disco e, de acordo com a cor que for selecionada, os participantes deverão pegar a bolinha correspondente, marcando assim 1 ponto para a sua equipe. A equipe que chegar aos 5 primeiros pontos será declarada vencedora.

Obs.: O disco pode ser substituído por cartões ou bolinha dentro de um saquinho.

O jogo dos cantos

Material: bola.

Os participantes serão organizados em duas equipes. Uma das equipes deverá iniciar o jogo, estando de posse da bola. A equipe estará disposta nos cantos da piscina, e deverão jogar a bola uns para os outros sem sair do seu lugar, com objetivo de não deixar os adversários tomarem a bola. Se assim conseguirem, conquistarão os cantos, dando sequência ao jogo.

Nadando – mergulhou

Material: touca ou boné.

Os participantes estarão dispostos em uma roda. O educador deverá escolher um aluno para iniciar com a touca e outro para cantar.

Ao início deverão passar a touca. Quando o colega falar "Mergulhou", quem estiver com a touca dará um mergulho e sairá da brincadeira.

No ritmo da brincadeira batata-quente: "Nadando, nadando, nadando, nadando, nadando, nadando... mergulhou!"

Passa bola

Material: 2 bolas, som e músicas animadas.

O educador deverá organizar os participantes em uma roda. A bola deverá ser passada entre os jogadores ao som da música. Quando a música parar, quem estiver com a bola sairá da ação. Vence o jogador que ficar por último.

Obs.: Colocar 2 bolas ao mesmo tempo.

Referências

LANGENDORFER, S.J. Aquatics for theyoungchildren – Factsandmyths. *Joperd*, vol. 57, n. 6, p. 61-66, 1986.

 Assista a videoaula do autor!

Brincando com as mãos

Liana Cristina Pinto Tubelo

Os jogos de mãos são brincadeiras que nos encantam e fazem a história de nossas infâncias há milênios. São jogos ancestrais (África, Austrália, Java) que implicam musicalidade, ritmo (binário), frequentemente em SOL e LÁ, coordenação motora (batidas ternárias), reflexo e sincronia que variam para diferentes culturas. Essas brincadeiras são compartilhadas através da oralidade de criança para criança a partir de uma aprendizagem holística, uma aprendizagem interpretativa e de partilha que se compõe de três elementos: música, movimentos e texto (GAINZA, 1996). Os elementos se desenvolvem de forma muito integral, cujo conhecimento dos jogos se constrói pela observação, pelo desempenho e desejo do brincante.

Estas práticas representam "um sistema social de produção, de aprendizagem e de participação ativa, além de serem o fundamento de um grupo de crianças que procuram conhecer e aprender umas com as outras", refere Souza (2009, p. 49).

A aprendizagem, nesse contexto, se dá de um modo não fragmentado ou independente do conjunto, envolvendo inteligência fluida, conexões inter-hemisféricas, estímulo à oralidade, habilidades visuais, auditivas e cinestésicas.

Brincar com as mãos transcende a própria brincadeira, pois as mãos, como instrumentos da inteligência e das relações, são nossas ferramentas evolutivas. São nossos "olhos primeiros" e com elas nos comunicamos desde o útero. Já as brincadeiras com as mãos são tantas! *Jokempô, batom, a aranha, tim-tim castelo, babalu, adoleta, com quem?*

Todas nos levam ao mesmo lugar, ao universo das conquistas. Conquistamos relações saudáveis e inesquecíveis, conquistamos memórias de melodias dançantes, pulantes, encantando nossas mãos e nosso corpo num passeio por diferentes costumes e partes do mundo.

Você sabia que *adoleta* vem da cultura francesa, assim como o *jokempô* chinês nos revela em sua história milenar que a brincadeira, antes de ser pedra, papel e tesoura, representava animais num ciclo alimentar natural?

Qualquer atividade sociocultural requer um envolvimento interpessoal, pois os processos de desenvolvimento do indivíduo e da cultura são "mutuamente constitutivos, e não definidos separadamente", no qual as crianças são profundos participantes culturais nas comunidades em que estão inseridas (ROGOFF, 2005, p. 51).

Toda brincadeira ou jogo de mãos é uma atividade cultural organizada que leva o brincante ao desenvolvimento progressivo de habilidades e compreensões através da própria participação e observação do jogo, realizando contribuições com seus saberes e construindo significados na interação.

Não precisamos de nada para brincar... mas, quer brincar com as mãos? Vamos brincar?

Repertório

Vamos brincar

Música, letra e melodia de minha autoria, esta brincadeira consiste em cantar e interpretar a música usando a Língua Brasileira de Sinais.

2x
Vamos brincar! Vamos brincar!
Olhando para o céu! Balança feito árvore, mexe como o mar!
Embala a alegria, fazer muita folia!
Abraça o coleguinha e põe os pés para o ar!!!

Coloque os sinais de Libras na música e vá tirando aos poucos a parte falada, em cada nova repetição. Até ficar apenas os gestos ou sinais.

Notas musicais (melodia)
FÁ, SOL, LÁ, FÁ, DÓ
RÉ, MI, RÉ, DÓ
RÉ, MI, RÉ, DÓ, MI, RÉ
RÉ, MI, RÉ, DÓ, MI, RÉ, DÓ, SI
LÁ, SOL, FÁ, MI, SOL
RÉ, MI, RÉ, DÓ, MI, RÉ, DÓ (3X)
SOL, LÁ, SOL, FÁ, MI, FÁ

Vamos brincar? (Partitura elaborada por Nathan Kael)

Chocolate

Essa música e brincadeira com as mãos é semelhante ao soco-soco-bate-bate cantado pela Xuxa. São os mesmos movimentos com as mãos. Podemos brincar em duplas ou em roda, cantando e dando um soquinho na mão do parceiro de brincadeira para cada CHOCO; já para o LÁ, se encosta o dorso da mão no dorso da mão do amigo de brincadeira. O TE corresponderá à palma da mão encostada na do parceiro.

2x
Choco-choco- la- la
Choco-choco-te- te
Choco-la-choco- te
Choco-laa- te

2x
Bici- bici- cle- cle
Bici- bici- ta- ta
Bici- cle- bici- ta
Bici- cle- ta

Notas musicais (melodia)
SOL, LÁ, SI, SOL, RÉ, RÉ
RÉ, DÓ, SI, LÁ, DÓ, DÓ
SOL, LÁ, SI, SOL, LÁ, SI, LÁ, SOL

Chocolate (partitura elaborada por Nathan Kael)

Repita a brincadeira usando outras palavras polissílabas como, BORBOLETA e palavras em outros idiomas (como no espanhol MARIQUITA, CUCARACHA).

Família dos dedinhos gaúcha (melodia da Chula)

Esta brincadeira de dedos trabalha a coordenação motora fina, funções executivas, ritmo e interconexão hemisférica. Procure primeiramente oferecer a nomenclatura correta dos dedos para a crianças, perguntando a ela qual é o dedo polegar, o indicador, o dedo médio, o anelar e o dedo mínimo.

Você pode, então, construir atribuições físicas para cada membro da família dos dedos juntamente com as crianças.

A melodia que utilizamos, por ser uma brincadeira regional gaúcha, é a melodia utilizada na nossa atividade tradicionalista chamada "Chula".

O meu pai é alto
Minha mãe baixinha
Meu irmão é gordo
Minha irmã magrinha

O meu vô é preto
Minha vó branquinha
E dessa mistura nasceu essa belezinha
2x

Obs.: Na segunda estrofe, "meu avô é preto, minha avó branquinha...", você pode usar os sinais de Libras (Língua Brasileira de Sinais) para ilustrar com movimentos a música, introduzindo um idioma inclusivo e que as crianças gostam muito, dessa forma contribuindo socialmente para que a cultura do surdo seja popularizada e os mesmos realmente se sintam incluídos na sociedade falante.

https://youtu.be/3sFwJGMAmGM

Dó Ré Mi Fá

A música *Do Re Mi Fá* é bastante conhecida e se encontra no repertório da infância há décadas. Esta brincadeira consiste em colocar sons percutidos e partes do corpo para as cinco notas musicais que compõem a música.

DÓ	RÉ	MI	FÁ FÁFÁ
Bate nas coxas	Bate palma	Estala dedos	Estala língua 3x
DÓ	RÉ	DÓ	RÉ RÉRÉ
Bate nas coxas	Bate palma	Bate nas coxas	Bate palma 3x
DÓ	SOL	FÁ	MI MIMI
Bate nas coxas	Bate os pés no chão	Estala língua	Estala os dedos 3x
DÓ	RÉ	MI	FÁ FÁFÁ
Bate nas coxas	Bate palma	Estala dedos	Estala língua 3x

A orientação que ofereço, em se tratando de processo pedagógico, é que você introduza um movimento por vez na música. As crianças iniciam, então, cantando toda a música e realizam o movimento para o DÓ (bater nas coxas) a cada vez que falam o DÓ.

Na próxima vez que cantarem já inserirão os movimentos para o RÉ, e assim por diante. Na última vez que cantarem, o desafio é apenas realizar os sons corporais, sem cantar. É muito bacana o efeito que se consegue quando fazemos a brincadeira em grupo.

Referências

GAINZA, V.H. *Juegos de manos* – 75 rimas e canciones tradicionales com manos y otros gestos. Buenos Aires: Guadalupe, 1996.

ROGOFF, B. *A natureza cultural do desenvolvimento humano*. Porto Alegre: Artes Médicas, 2005.

SOUZA, F. *Os jogos de mãos* – Um estudo sobre o processo de participação orientada na aprendizagem musical infantil. Curitiba: Universidade Federal do Paraná, 2009 [Dissertação de Mestrado em Música – Setor de Ciências Humanas, Letras e Artes. 221 f.].

 Assista a videoaula do autor!

A percussão corporal e o lúdico

Marília Camargo da Silva Araújo

A Educação Física tematiza, pedagogicamente, as manifestações da cultura corporal, abordando os múltiplos conhecimentos adquiridos, produzidos, usufruídos e historicamente acumulados pela sociedade a respeito do corpo e do movimento, configurada em cinco temas principais: danças, esportes, jogos e brincadeiras, lutas e ginásticas.

Em especial à dança, ela é uma arte considerada milenar. Situada como unidade da Educação Física Escolar desde 1971 (BRASILEIRO, 2002-2003), as danças são atividades rítmicas que manifestam a cultura corporal representando os diversos aspectos da vida do homem. Dentre suas características, segundo Nanni (2008), destaca-se a intenção de comunicação e expressão de suas características culturais mediante gestos, emoções e movimentos, com a presença ou não de estímulos sonoros como referência para a ação.

Sobre os conteúdos de dança a serem ministrados na escola uma temática fundamental de ser ensinada é "os sons, o corpo, o ritmo e o movimento", em que o aluno vivenciará sons por meio de objetos e instrumentos, sons corporais, o ritmo das músicas e o ritmo dos fenômenos naturais, e aprenderá a marcar o tempo das músicas com passos, palmas, produção de sons etc. Podemos encontrar propostas desse tipo em Darido (2011) e em Artaxo e Monteiro (2008).

E é nesse contexto que a *percussão corporal* emerge como atividade básica para ser trabalhada nas aulas de dança na escola.

A *percussão corporal* é a arte de produzir sons, utilizando o próprio corpo como um instrumento musical, ou seja, utilizar as partes do corpo para produzir diferentes sonoridades. Não é possível afirmar com exatidão quando a música tocada por sons corporais começou. Seu conceito vem do inglês *bodymusic* e, nos estudos de Simão (2013), acredita-se que ela está atrelada à formação da linguagem do ser humano:

> Nesse universo da música corporal, o corpo é o centro dessa manifestação: ele é o instrumento e o instrumentista simultaneamente, sendo utilizado para tocar e ser tocado. Não existe aqui a separação entre corpo e instrumento musical, instrumento e instrumentista (SIMÃO, 2013, p. 26).

Vale salientar que a percussão corporal assume diversas possibilidades e permeia diversas áreas do conhecimento; as principais são a música e a dança. Entre as danças podemos destacar o flamenco da Espanha, o sapateado americano, a dança cigana e a própria catira, como muitas outras em que o corpo está sempre presente com traços de percussão corporal. Já na área da música, os referenciais teóricos apontam sobre como utilizá-la para o ensino do som, de métricas musicais, de criação musical, propriedades do som, notas musicais etc.

Como destaques musicais o grupo brasileiro Barbatuques, fundado em 1995, apresenta uma abordagem única para ensino e apresentação de música corporal. Internacionalmente encontramos o grupo inglês Stomp, em que além do corpo utilizam também objetos para a produção de sons.

Neste capítulo apresentaremos possibilidades de vivência práticas sobre percussão corporal, na perspectiva da dança e voltada para as aulas de Educação Física Escolar.

Diante do proposto os objetivos principais são: estimular a vivência corporal; conhecer o próprio corpo e suas possibilidades de movimentos; experimentar a comunicação não verbal.

Além dos objetivos supracitados, o trabalho com percussão corporal é excelente para trabalhar com a expressividade, com diálogos corporais, noções de ritmo, tempo, criação coreográfica etc.

Explorando, descobrindo e mapeando os sons corporais apresento abaixo algumas possibilidades de fácil aplicação na escola utilizando pés e mãos, que servem como ponto de partida para a vivência escolar.

- SONS COM OS PÉS: arrastando, ponta do pé, calcanhar; diferentes intensidades (forte e fraco); andamento (lento, médio ou rápido), entre outros elementos.

- SONS COM AS MÃOS: palma grave, palma estrela, palma estalada, palma costas de mão e palma pingo (variações conforme o formato das mãos); batida das mãos nas pernas, na barriga, no peito, na boca e na bochecha etc.

Conforme as possibilidades de ações forem crescendo entre os alunos é possível acrescentar o canto e os efeitos vocais, aumentando o desafio para coordenar todas as ações. Como estratégias metodológicas, os alunos se sentem estimulados a criar coreografias percussivas, estimulando assim a improvisação e a criatividade.

Em síntese, a utilização do corpo para o ensino da percussão envolve a descoberta de possibilidades de movimentos e, além da conscientização corporal individual, é fundamental o desenvolvimento da experiência coletiva.

A seguir apresentaremos algumas atividades possíveis de serem aplicadas na escola.

Repertório

Soco-soco-bate-bate

Som corporal: com as mãos.

Quantidade de alunos: em duplas.

Música: soco-soco-bate-bate / soco-soco-vira-vira
soco-bate-soco-vira / soco-bate-vira

Desenvolvimento: de frente para a sua dupla, bater as suas mãos com a do parceiro, realizando os movimentos conforme a música for estabelecendo os comandos:

Soco = mãos fechadas
Bate = palma das mãos
Vira = dorso das mãos

Peito-estala-bate

Som corporal: com as mãos.

Quantidade de alunos: individual.

Música: Peito-estala-bate / Peito-peito-estala-bate
Estala-peito / Estala-bate / Peito-peito-estala-xiu

Desenvolvimento: realizar os comandos conforme a música pede. A percussão corporal durante toda a música será sempre realizada com a mesma mão:

Peito = bater uma mão no peito
Estala = estalar os dedos da mesma mão que bateu no peito
Bate = bater palmas

Din castelo

Som corporal: com as mãos.

Quantidade de alunos: em duplas.

Música: Dindin castelo / Mal-assombrado
Xixi de rato / Fedeu o barraco
A princesinha / Não aguentou
E desmaiou

Desenvolvimento: de frente para sua dupla, a cada frase da música realizar os comandos com a mão: os dois batem dorso das mãos – os dois batem a palma das mãos – cada um bate uma palma – os dois batem a mão direita – cada um bate uma palma – os dois batem a mão esquerda – cada um bate duas palmas.

Nome com sons corporais

Som corporal: livre para criar sons com todas as partes do corpo.

Quantidade de alunos: livre.

Desenvolvimento: cada aluno deve atribuir um som corporal para cada sílaba do seu nome.

Ex.: MA (bater na coxa) RÍ (bater 1 palma) LIA (estalar os dedos)

Cada aluno apresenta a sua sequência de movimentos para que os demais alunos possam aprender. Em grupos, unir a sequência corporal de todos os membros da equipe para apresentação, formando assim uma música corporal.

Percussão corporal com números

Som corporal: livre para criar sons com todas as partes do corpo.

Quantidade de alunos: livre.

Desenvolvimento: para cada número, atribuir um som corporal (que pode ser previamente estabelecido pelo professor ou elaborado junto com os alunos). A quantidade de números fica a critério do grupo. Quanto mais números, maior deve ser a capacidade de memorização dos alunos.

Ex.: 1 (bater na coxa) / 2 (bater 1 palma) / 3 (estalar os dedos) / 4 (bater o pé).

Após a criação dos sons corporais e a assimilação por parte de todos, dividir os alunos em pequenos grupos. Para cada grupo, entregar uma sequência numérica para que eles possam apresentar. Para uma melhor compreensão dos alunos sobre a percussão corporal, recomenda-se que cada movimento seja realizado duas vezes, conforme os exemplos a seguir.

Ex.: 11223344; 44332211; 11332244 etc.

Telefone de percussão corporal

Som corporal: livre para criar sons com todas as partes do corpo.

Quantidade de alunos: livre.

Desenvolvimento: variação da atividade anterior. Criar nove sons corporais diferentes e atribuir a eles um número. O som pode ser previamente estabelecido pelo professor ou elaborado junto com os alunos.

Após a criação dos sons corporais e a assimilação por parte de todos, dividir os alunos em pequenos grupos. Para cada grupo, entregar um número de telefone existente (que pode ser o número dos próprios alunos) para que eles possam apresentar.

Ex.: 34581165; 88358209; 36268541 etc.

Partitura corporal (adaptado de Mesquita, 2016)

Som corporal: livre para criar sons com todas as partes do corpo.

Quantidade de alunos: livre.

Desenvolvimento: criar com os alunos desenhos representando os sons corporais, conforme o exemplo a seguir:

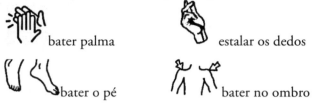

Formar uma sequência de desenhos, como se fosse uma partitura musical, juntando quatro desenhos por linha (que pode ser previamente estabelecido pelo professor ou elaborado junto com os alunos), conforme o exemplo a seguir. Em grupos, cada grupo apresenta a sua sequência de sons corporais, seguindo sua partitura:

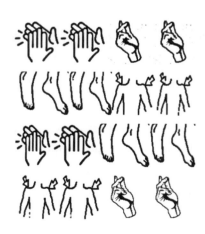

Ritmos com percussão corporal (adaptado de Artaxo e Monteiro, 2008)

Som corporal: bater no peito e estalar os dedos.

Quantidade de alunos: individual.

Desenvolvimento: técnica criada pelo grupo Barbatuques. Realizar os movimentos conforme a sequência a seguir:

Valsa

P E E P E E P E E P E E P E E

P = peito / E = estalo

E D E D E D E D E D E D E D E

D = mão direita / E = mão esquerda

Samba

P E E P P E E P P E E P P

P = peito / E = estalo

E D E D E D E D E D E D E

D = mão direita / E = mão esquerda

Baião

P E EP EE P E / P E E P E E P E

P = peito / E = estalo

E D E D E D E D / E D E D E D E D

D = mão direita / E = mão esquerda

Hip-hop com percussão corporal

Som corporal: bater palma e bater o pé.

Quantidade de alunos: individual.

Desenvolvimento: na contagem de oito tempos, realizar os movimentos conforme a sequência a seguir, estabelecendo assim um ritmo de hip-hop.

PePaPePePaPePaPe--

1 2 3 e 4 5 6 7 8

Pe = bater o pé / Pa = palma / -- = pausa

Referências

ARTAXO, I. & MONTEIRO, G.A. *Ritmo e movimento* – Teoria e prática. 4. ed. São Paulo: Phorte, 2008.

BRASILEIRO, L.T. O conteúdo "dança" em aulas de Educação Física: Temos o que ensinar? *Pensar a prática*, vol. 6, jul./2002-jun./2003, p. 45-58.

DARIDO, S.C. (org.). *Educação Física Escolar* – Compartilhando experiências. São Paulo: Phorte, 2011.

MESQUITA, C.M.S. Percussão corporal no ensino de música: Três atividades para a educação básica. *Música na Educação Básica*. Londrina, vol. 7, n. 7/8, 2016.

NANNI, D. *Dança-educação* – Pré-escola à universidade. 5. ed. Rio de Janeiro: Spirit, 2008.

SIMÃO, J.P. *Música corporal e o corpo do som* – Um estudo dos processos de ensino da percussão corporal do Barbatuques. Campinas: Unicamp, 2013 [Dissertação de Mestrado].

Assista a videoaula do autor!

Circuitos motores

Rayane Monique Faria

Ao falar sobre circuitos, analisamos uma modalidade que se junta ao planejamento a fim de agregar e alcançar objetivos propostos previamente.

Os circuitos podem ser divididos em dois tipos: de estações e por tempo. O circuito de estações é ação realizada por um indivíduo de cada vez; já o circuito por tempo contém bases que são executadas simultaneamente por grupos de pessoas durante um determinado tempo.

Nos circuitos motores é possível incentivar o desenvolvimento das capacidades coordenativas e físicas, como equilíbrio, lateralidade, coordenação motora, agilidade e outras, bem como desenvolver e/ou aprimorar alguma habilidade esportiva.

Para Virgilio (2015), o circuito é uma atividade continuada que inclui treino corporal geral, desenvolvendo vários componentes de aptidão física associados à saúde, tais como resistência cardiorrespiratória, aptidão muscular e flexibilidade, ou seja, além de desenvolver habilidades motoras, os circuitos podem ser meios para alcançar melhores níveis de aptidão física, conforme novas regras da BNCC.

É um atrativo para as aulas de Educação Física visto que, além do grande leque de atividades, é possível de serem aplicados com materiais baratos e pequenos espaços.

Os circuitos motores também agregam de forma significativa quando analisados na perspectiva de que o indivíduo que os pratica se torna mais autêntico, supera pequenos obstáculos, medos, ganha autoestima, coragem, reconhece suas dificuldades e melhora suas habilidades motoras, além de assimilar os valores da espera e tolerância.

Repertório

Circuito de salto e rolamento

Material: 4 cones, 1 bola, 1 pneu, 2 cordas e 1 colchão ou colchonetes.

As crianças devem estar dispostas em um círculo, e ao comando do professor (de preferência de forma nominal) cada uma deverá realizar as tarefas nas estações:

Estação 1: saltar com os dois pés sobre a corda e aterrissar com as duas pernas.

Estação 2: fazer o movimento da cambalhota no colchão (com ou sem auxílio do professor).

Estação 3: passar dentro do pneu em quatro apoios sem encostar no mesmo.

Estação 4: contornar a bola.

Depois de a criança realizar todo o circuito, ela deverá sentar e esperar a próxima vez.

Circuito com escada

Material: 1 escada (tradicional ou de agilidade) e 1 pneu.

As crianças deverão fazer várias atividades na escada e em seguida passar dentro do pneu.

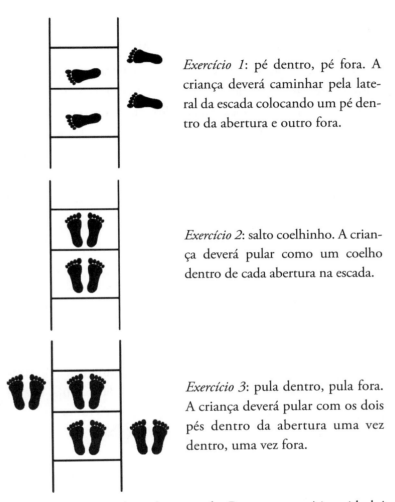

Exercício 1: pé dentro, pé fora. A criança deverá caminhar pela lateral da escada colocando um pé dentro da abertura e outro fora.

Exercício 2: salto coelhinho. A criança deverá pular como um coelho dentro de cada abertura na escada.

Exercício 3: pula dentro, pula fora. A criança deverá pular com os dois pés dentro da abertura uma vez dentro, uma vez fora.

Exercício 4: escalar a escada. Para esse exercício o ideal é que o material usado seja a escada tradicional para ter a pega. A escada estará no chão e a criança vai andar em quatro apoios agarrando a escada no movimento de agarrar.

Os exercícios poderão ser executados todos de uma única vez ou o facilitador poderá alternar. Após cada exercício, a criança deverá passar dentro do pneu.

Circuito de estações com tempo

Material: 10 cones, 1 escala de agilidade, 4 cordas, 1 cronômetro e 1 apito.

Neste circuito devem ser separados pequenos grupos com três ou quatro participantes em cada um. Cada grupo ficará em uma estação. Após 90 segundos, os grupos mudam de estação. Cada estação estará sinalizada com um número para que os grupos consigam seguir na ordem, de modo que ao final da atividade todos os grupos deverão ter passado por todas as estações.

Estação 1: pular corda. Cada criança deverá pular corda no tempo determinado.

Estação 2: cones zigue-zague com o corpo. As crianças deverão passar entre os cones durante o tempo determinado.

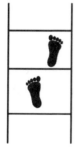

Estação 3: escada de agilidade e caminhada. A criança deverá colocar um pé dentro da abertura, em seguida o outro, durante o tempo determinado.

Estação 4: cone "suicídio". Os cones estarão dispostos em linha a pelo menos 1,5m de distância um do outro. A criança deverá correr e encostar a mão no primeiro cone e depois no segundo, em seguida voltar ao primeiro cone e correr até o terceiro, voltar ao primeiro e correr até o quarto cone, voltar ao primeiro e voltar ao quinto cone, depois voltar ao primeiro e recomeçar. Deverá realizar a tarefa durante o tempo determinado.

Quando todos os grupos já tiverem passado por todas as estações, terão um tempo de descanso e retomarão a atividade por mais uma ou duas vezes.

Circuito de agilidade

Material: 10 cones, 20 bolinhas coloridas, 1 escada de agilidade, 1 bola de basquete e 1 bola de handebol.

Neste circuito deve ficar evidente a necessidade da velocidade ao passar pelas estações.

Estação 1: escada de agilidade. O participante deverá correr sobre a escada.

Estação 2: cones numerados. Os cones estarão dispostos em um formato de "cruz" e enumerados (para dificultar um pouco, poderão estar enumerados oralmente antes do início do circuito, em 1, 2, 3 e 4). Quando o aluno chegar a essa estação, o facilitador começará a falar rapidamente um dos números e o aluno deverá tocar corretamente o cone correspondente.

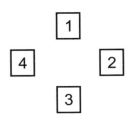

Estação 3: corrida das bolinhas. O facilitador colocará em um determinado espaço bolinhas de várias cores e a certa distância entre 3m e 5m colocará um recipiente. O facilitador falará um número correspondente à quantidade de bolinhas a serem levadas e a cor solicitada, assim a criança deverá correr rapidamente, pegar a quantidade e cor correspondente e colocar dentro do recipiente vazio.

Estação 4: cones zigue-zague com bola. A criança deverá correr entre os cones quicando um tempo com a bola de basquete outro tempo com a bola de handebol.

Circuito de saltos

Material: 5 cordas grandes, 5 cordas pequenas, 2 cones ou cadeiras, 6 colchonetes e 10 bambolês.

Neste circuito deve-se deixar bem claro para a criança o modo que deverá pular, se com os pés juntos, com os pés alternados etc.

Estação 1: salto simples sobre a corda. A corda deverá estar amarrada aos cones ou às cadeiras em uma altura média e proporcional ao tamanho da criança, de modo que a desafie na medida em seu salto.

Estação 2: salto coelho. Dispor 10 bambolês a distância e direções diferentes e pedir para que a criança pule com os dois pés juntos.

Estação 3: salto sobre a corda no colchonete. A corda deverá estar amarrada aos cones ou às cadeiras em uma altura média e proporcional ao tamanho das crianças, de modo que as desafiem em seu salto. Ao saltar, ela deverá cair deitada ou sentada nos colchonetes (iniciação ao salto em altura).

Estação 4: salto na corda individual. A criança deverá pular corda sozinha.

Estação 5: salto na corda em grupo. A criança pulará com outros colegas "batendo" a corda.

Circuito de equilíbrio

Material: 2 cordas, 10 bambolês, 2 cones, 1 livro ou revista, 1 bola dentinho de leite, 1 bola de vôlei e 1 bola de futebol.

Neste circuito deve-se evidenciar bem a execução das estações, movimentos dos pés, tronco, modo de segurar e andar.

Estação 1: andar sobre a corda. Nesta atividade, o facilitador colocará uma corda bem esticada no chão, a criança andará sobre a mesma o mais rápido possível se equilibrando e não saindo da corda.

Estação 2: salto de um pé só. Os bambolês deverão estar bem espalhados pelo espaço, o facilitador colocará desenhos no formato de um pé dentro dos bambolês mostrando com qual pé a criança deverá pular.

Estação 3: travessia do equilíbrio. O facilitador deverá colocar 2 cones a uma distância de pelo menos 3m um do outro para que a criança atravesse com um livro ou revista em sua cabeça sem que ele caia.

Estação 4: travessia da corda. O facilitador colocará uma corda bem esticada no espaço e pedirá para que a criança ande sobre ela segurando uma bola. O facilitador vai mudando o tipo de bola de acordo com o peso da criança para ir dificultando a ação.

Referências

MEC. *Base Nacional Comum Curricular* [Disponível em http://portal.mec.gov.br/index.php?option=com_docman&view=download&alias=79601-anexo-texto-bncc-reexportado-pdf-2&category_slug=dezembro-2017-pdf&Itemid=30192 – acesso em 09/07/2018].

VIRGILIO, S.J. *Educando crianças para a aptidão física* – Uma abordagem multidisciplinar. 2. ed. São Paulo: Manole, 2015.

Assista a videoaula do autor!

Jogos para pequenos espaços

Rayane Monique Faria

Ao pensar em *jogos para pequenos espaços*, encontramos diversas vertentes para sua apreciação e execução. Quer seja por questões climáticas, ou mesmo pelo fato de o espaço oferecido para o momento ser pequeno. Essas atividades são necessárias na rotina dos educadores por onde passam.

Jogos e brincadeiras para pequenos espaços também são chamados de jogos de salão, e podem ser divididos em jogos ou brincadeiras de movimento e jogos de raciocínio:

- jogos ou brincadeiras de movimento: são ações que dispõem de energia e movimentos do praticante; e
- jogos de raciocínio: são os conhecidos jogos de tabuleiro, contação de histórias e afins.

É sempre bom manter atividades como essas para alguma ocasião – festas em família, dia com os amigos, passeio com as crianças, entre outros. Jogos e brincadeiras para pequenos espaços são bem-vindos em qualquer local. Para Silva e Pines Junior (2017), os jogos de salão não requerem muita movimentação por parte dos participantes, podendo ser realizados nos mais diversos espaços, e geralmente envolvem rapidamente a todos.

Então, vamos à prática?

Repertório

Jogo do movimento

Material: 2 fitas colantes coloridas.

O jogo consiste em fazer formas no chão e pedir para que as crianças caminhem seguindo as formas. Uma variação é aumentar a dificuldade pedindo para que mais de uma criança faça ao mesmo tempo, tendo que dar a mão ao colega.

Brincadeira do verde/vermelho

Material: balas ou pirulitos como incentivo.

O facilitador inicia a atividade posicionando as crianças em duplas, uma de frente para a outra com uma mão atrás da orelha, e então começará a contar uma história. Toda vez que nessa história aparecer a palavra VERDE, a criança não pode bater no incentivo colocado ao centro; quando aparecer a palavra VERMELHO, a criança deverá bater no incentivo. Cada vez que a criança bater quando a palavra verde for dita, perderá um ponto; quando bater ao ouvir a palavra vermelho ganhará um ponto. A atividade poderá se estender enquanto as crianças estiverem motivadas. Ao fim, um ficará com o incentivo que já estava no centro e serão distribuídos mais incentivos para os que ficaram sem.

Adedonha/Stop

Material: 1 lápis/caneta e 1 folha branca.

O facilitador distribuirá uma folha e uma caneta ou lápis para cada participante. A atividade consiste em separar alguns grupos que vão dar sentido a palavras que tenham a inicial que sair na sorte; portanto, após jogarem os dedos e "contar" as letras do alfabeto, a partir da letra que sair todos os grupos deverão ter suas palavras iniciadas com tal letra. O objetivo principal é escolher palavras menos conhecidas para pontuar melhor, caso ninguém a cite em suas entrelinhas. Quem termina todos os grupos primeiro grita STOP; após este ato, ninguém mais pode escrever nenhuma palavra. A partir de então, começa a revelação das palavras. Caso ninguém tenha escolhido a mesma palavra que a criança, ela pontuará em 10 pontos; caso alguém cite a mesma palavra, a criança pontuará em 5 pontos. Entre os grupos haverá um espaço chamado "total"; após revelados todos os grupos, soma-se os pontos e anota-se no total. Assim reinicia o jogo de dedos para nova contagem. O jogo segue enquanto houver interesse dos participantes; quando terminar, soma-se os pontos dos grupos e quem tiver maior pontuação será declarado vencedor.

Manipulação de bolinhas/bambolês

Material: bolinhas e bambolês suficientes para o número de crianças, e um apito.

A manipulação acontece ao comando do facilitador, que apita a cada novo movimento. Uma boa ideia é amarrar fitinhas coloridas nos braços das crianças ou desenhar as iniciais delas e nas respectivas mãos para o trabalho de lateralidade:

> *Movimento 1*: jogar a bolinha/bambolê para cima e pegar com a mesma mão;
>
> *Movimento 2*: rodar o bambolê na cintura;
>
> *Movimento 3*: rodar o bambolê no pescoço;
>
> *Movimento 4*: rodar o bambolê no braço;
>
> *Movimento 5*: rodar o bambolê na perna;
>
> *Movimento 6*: jogar a bolinha para o colega com uma mão e receber com a outra;
>
> *Movimento 7*: com o bambolê, imitar um volante de caminhão, com direito a buzina;

Movimento 8: jogar a bolinha para cima e receber com as duas mãos;

Movimento 9: rolar o bambolê como se fosse a roda de um caminhão;

Movimento 10: rodar o bambolê para frente fazendo o movimento de vai/volta.

Ping-pong no chão

Material: 2 raquetes, 1 bolinha de pingue-pongue e 1 rolo de fita.

O facilitador demarcará com a fita no chão a área de jogo, e posteriormente pegará duas crianças que se enfrentarão. As regras são as mesmas do jogo tradicional e podem ser adaptadas às necessidades do facilitador e praticantes.

Futebol de canudo

Material: 2 canudos, 1 bolinha de papel e 1 rolo de fita.

O facilitador demarcará no chão a área de jogo e separará as crianças em duplas, entregando um canudo para cada e colocando a bolinha ao centro. Vence quem marcar mais gols.

Referências

SILVA, T.A.C. & PINES JUNIOR, A.R. *Jogos e brincadeiras* – Ações lúdicas nas escolas, ruas, hotéis, festas, parques e em família. Petrópolis: Vozes, 2017.

Assista a videoaula do autor!

Jogos cooperativos

Cristiano dos Santos Araújo

Que através da cooperação possamos construir pontes para sobrepor os muros que são criados pela sociedade.
Cristiano dos Santos

Jogos cooperativos são ações que em sua estrutura objetiva a participação de todos, onde todo o processo do jogo é valorizado, não apenas seu produto: **Vencer** e às vezes a qualquer custo. Pode-se dizer que se trata de uma ferramenta para o desenvolvimento da empatia, sentimento de equipe, pertencimento, solidariedade, pensar e resolver juntos, tomada de decisão e, por fim, buscar o desenvolvimento de uma cultura de paz.

Para Brotto (1999), são jogos que facilitam a aproximação e a aceitação e onde a ajuda entre os membros da equipe torna-se essencial para se alcançar o objetivo final.

A proposta dos *jogos cooperativos* é ensinar muito além de vitória; é deixar evidente que todos podem participar com suas próprias características e potencialidades, entendendo que cada um pode ser ferramenta primordial para o resultado objetivado; que são desafios pensados pelo facilitador com a intenção de unir os participantes para assim chegarem ao resultado esperado; porém, nem sempre precisamos esperar que o jogo chegue ao fim para mostrar que o grupo já alcançou o objetivo, que é de fato o estar e compartilhar juntos em todo o processo. Neste momento, cabe ao facilitador apontar para o grupo que *todos já somos vencedores*, pois conseguimos compartilhar a experiência de jogar. Soller (2005) traz a seguinte reflexão acerca dos *jogos cooperativos*: Jogando cooperativamente passamos a entender melhor o que significa as palavras: Com-partilhar, Com-viver e Com-vencer.

• Com-partilhar: aprender no jogo a compartilhar, enxergando o mundo como um ambiente de inclusão, onde há espaços para todos desde que cada um compartilhe o que tem.

• Com-viver: no jogo, aprendemos a viver uns com os outros, em vez de um contra os outros, e cada jogo se torna uma experiência única para tal fim.

• Com-vencer: aprendemos a vencer juntos, e a curtir uma felicidade comum, e passamos a dar valor à vitória compartilhada.

Orlick (1989) pontua que, quando participamos de determinado jogo, fazemos parte de uma minissociedade que pode nos formar em direções variadas.

Pontuaremos abaixo as principais habilidades desenvolvidas através dos *jogos cooperativos*, segundo Soler (2005):

• habilidades intelectuais: imaginar, perguntar, concentrar, decidir e adivinhar;

• habilidades interpessoais: encorajar, explicar, entender, retribuir e ajudar;

• habilidades em relação aos outros: respeito, apreciação, paciência, positivismo e apoio;

• habilidades físicas: falar, ouvir, observar, coordenar e escrever;

• habilidades pessoais: alegria, compreensão, discrição, entusiasmo e sinceridade.

Com intenção de desenvolver um trabalho contínuo em busca de construção de uma sociedade mais solidária, entendemos os *jogos cooperativos* como ferramenta necessária e primordial nessa caminhada, uma vez que ao brincar a criança ressignifica, aprende e apreende novos conhecimentos. Sendo o jogo um ambiente propício às novas possibilidades de aprendizagens por intermédio do lúdico (prazer na ação de jogar), para tanto devemos, enquanto educadores, nos valer dessa rica ferramenta pedagógica em prol de uma educação para a Paz, Autonomia e Liderança Positiva.

Que através desta proposta consigamos desenvolver uma cultura de *Compartilhar, Conviver, Respeitar* e de *Ser Com* e *não Contra o próximo*, nunca aceitando alguém pelo que tem a me oferecer, mas sim pelo que podemos Fazer, Conquistar e Ser juntos.

Repertório

Encontre um par

Tipologia: toque de confiança e socialização.

Material: bola e aparelho de som.

O educador na posição de facilitador deve previamente selecionar uma música. Os demais participantes devem formar duplas, e assim dançarão no ritmo da música tocada. No centro fica alguém com a posse de uma bola que estará sem dupla; em dado momento, deve lançar a bola para cima e, quando isso for feito, todos devem trocar de duplas; a pessoa que está no centro deve então ir à busca de uma pessoa para formar dupla. Quem ficar sem dupla ocupa a posição central com a posse da bola. O jogo deve durar enquanto a música estiver rolando.

Jogo das profissões

Tipologia: toque de confiança e socialização.

Material: etiqueta e caneta.

Cada brincante deve receber uma etiqueta e nela escrever uma profissão. Ao sinal do facilitador, que pode ser uma palma, todos devem caminhar pelo espaço, mas não devem se afastar uns dos outros.

Após algum tempo o facilitador deve dar um novo sinal, que pode ser duas palmas. Neste momento, todos devem parar e colar a etiqueta com a profissão escrita nas costas de quem estiver mais próximo. Um novo sinal por parte do facilitador (uma palma) e todos devem voltar a se deslocar pelo espaço. Depois de certo tempo (duas palmas), devem se encontrar e um dos brincantes deve tentar, através de gestos sem sons, fazer com que a pessoa descubra qual a profissão está em suas costas; uma vez que descobriu, as posições devem ser invertidas. Depois que a maioria descobriu, o facilitador deve reiniciar o jogo e novas duplas devem ser formadas.

Ao infinito e além

Tipologia: jogo cooperativo sem perdedores.

Material: paraquedas circular, ou tecido leve circular.

O objetivo do grupo é fazer com que o paraquedas seja erguido e torne-se um balão. Para que isso aconteça é necessário, portanto, que o grupo siga uma sequência:

- conversa inicial para traçar um caminho para alcançar o objetivo;

- movimento simultâneo para erguer o tecido; e

- todos devem juntos ir de encontro ao centro para fechar o ar que está dentro do tecido e, assim, fazendo com que se pareça com o balão.

É importante ressaltar que, neste jogo, o que esperamos é que o grupo trabalhe junto, então o educador enquanto facilitador deve valorizar o processo e não apenas o objetivo final.

Meu amigo, minha obra-prima

Tipologia: toque de confiança e sem perdedores.

O educador deve dividir o grupo em duplas; para que o jogo se inicie, faz-se necessário que alguém comece na posição de escultura. Quem está na posição de escultor deve esbanjar de sua criatividade (sempre com muito respeito) para fazer uma linda obra de arte em seu colega; depois de certo período as posições devem ser trocadas, o escultor passa a ser escultura e a escultura passa a ser escultor. O educador deve, durante a construção das esculturas, orientar e perceber se alguém está passando do limite, e então parar a atividade para assim conversar com o grupo, lembrando sobre a importância de respeitar o próximo. Sempre que achar importante, o educador na posição de facilitador deve iniciar rodas de conversa, não sendo necessário esperar até o final do jogo para fazê-la.

Jogo das preferências

Tipologia: jogo cooperativo sem perdedores.

O jogo das preferências pode ser utilizado para separação de equipes de uma maneira não excludente, mas sim por semelhanças.

O educador deve escolher duas crianças e colocá-las dispostas uma em cada lado, uma ao seu lado esquerdo e a outra ao seu lado direito. Cada criança então deve falar em voz alta algo que gosta muito. Exemplo: uma diz "tomate", a outra diz "macarrão", quem gostar mais de macarrão deve ir para onde está a criança que falou macarrão, e quem gostar mais de tomate deve ir para o lado da criança que falou tomate.

O educador deve então perceber a quantidade de crianças que têm em cada grupo; se perceber uma diferença muito grande, deve escolher outra criança de cada grupo para falar outra coisa que gosta muito. As crianças podem trocar de lugar sempre que se identificarem mais.

Esta possibilidade de jogo visa apresentar ao grupo coisas que eles têm em comum; algumas vezes o afastamento acontece por não se acharem semelhantes, e neste brincar as crianças enxergam o outro de uma maneira diferente, não pela habilidade ou inabilidade. É importante portanto que o educador faça uma roda de conversa e mostre ao grupo como eles têm coisas em comum, fazendo assim com que o grupo perceba essas semelhanças.

Conectados

Tipologia: jogo de resultado coletivo.

Material: elástico e bolas grandes.

O educador deve separar o grupo em duas equipes ou mais.

Um elástico deve ser entregue a cada equipe, e todos devem se colocar dentro dele, mantendo-o na altura da cintura de seus participantes.

O objetivo de todo o grupo é lançar a bola entre os grupos a fim de que todos alcancem a meta de 20 toques. Uma vez que o grupo chegou ao objetivo, o educador pode dificultar, colocando o toque em deslocamento e entre outras possibilidades.

Um por todos e todos por um

Tipologia: jogo de resultado coletivo.

Material: elástico e bola grandes.

O educador deve separar o grupo em duas equipes ou mais.

Um elástico deve ser entregue a cada equipe e todos devem se colocar dentro dele, mantendo-o na altura da cintura de seus participantes.

Cada equipe deve ter uma bola. Todos devem cantar a tradicional canção *Escravos de Jó* e ir passando a bola seguindo a sequência musical.

> Escravos de Jó jogavam caxangá (passando a bola entre as equipes);
> Tira, põe (passa bola);
> Deixar ficar (mantém a bola em seu grupo);
> Guerreiros com guerreiros (passa a bola); e
> Fazem zigue-zigue zá.

Neste momento, eles devem mandar para frente e receber novamente a bola, finalizando passando a bola para frente. Segue a música enquanto houver interesse.

Pega-pega gruda aranha

Tipologia: jogo de inversão de papéis.

O educador deverá escolher dentro do grupo um participante para ser o pegador (aranha). Os demais participantes ficam em uma das extremidades (moscas) do espaço destinado ao jogo; o pegador deve ficar centralizado neste espaço. Os participantes que estão na posição de mosquinhas devem dizer: "Pega-pega!"

E aranha então deve gritar: "Gruda aranha!"

Neste momento todas as crianças na posição de "mosca" devem atravessar o espaço sem ser pegas pelo pegador; quem for pego, deve ficar parado onde o pegador escolher, com a mão grudada em algum lugar, e passa a ter uma nova função (a de pegador) utilizando as mãos; desta maneira vão se formando diversas teias de aranha.

Quem ficar por último passa a ser a nova aranha.

Obs.: As crianças que vão sendo pegas não são excluídas do jogo e passam a ter uma nova função, auxiliando o pegador, fazendo assim o papel de teia de aranha. O pegador por sua vez tem a possibilidade de criar a estratégia para pegar o grupo. É importante também que o educador não foque suas ações em cima do resultado, mas valorize as atitudes do grupo no momento de auxiliar o pegador.

Esteira cooperativa

Tipologia: plenamente cooperativo.

Material: Tecido (ou algo similar) que deve ter duas pontas ligadas a fim de que fique parecido com uma esteira. O educador deve orientar aos participantes para serem o motor da esteira, portanto, todos devem entrar e caminhar até um determinado ponto previamente combinado.

O educador deve promover situações de conversa para que o grupo chegue até seu objetivo. Instigar respostas junto ao grupo e promover a participação de quem estiver à vontade para colocar sua opinião.

Referências

BROTTO, F.O. *Jogos cooperativos* – Se o importante é competir, o fundamental é cooperar. São Paulo: Cepeusp, 1997.

BROWN, G. *Jogos cooperativos* – Teoria e prática. São Paulo: Sinodal, 1994.

ORLICK, T. *Vencendo a competição*. São Paulo: Círculo do Livro, 1989.

SOLLER, R. *Educação Física* – Uma abordagem cooperativa. Rio de Janeiro: Sprint, 2006.

_____. *Brincando e aprendendo com os jogos cooperativos*. Rio de Janeiro: Sprint, 2005.

 Assista a videoaula do autor!

Atividades sem material

André Silva Barros

Olá, Professor! Você chega no seu novo local de trabalho, se apresenta, vai na "salinha de materiais" para saber o que terá para desenvolver as suas aulas e, quando chega lá, não encontra nada. Quem nunca, não é mesmo?

A ideia aqui é lhe apresentar algumas atividades onde você não precisará de *nenhum* material para realizá-la. Atividades que te darão tempo suficiente para conseguir seus primeiros materiais e consequentemente melhorar o seu repertório de brincadeiras e jogos. Lembrando sempre que qualquer tampinha ou garrafa pet nas mãos de um professor criativo se transforma numa aula incrível. Então, peça para que seus alunos tragam materiais alternativos de suas casas, construa seus materiais e crie atividades junto deles.

Nas descrições das atividades o local sugerido para a realização delas é sempre uma quadra, mas elas podem ser realizadas em outros espaços. Assim como as atividades são sugeridas para crianças de 6 a 11 anos, mas que com uma simples adaptação podem ser realizadas com crianças maiores ou menores.

Em todas as atividades você encontrará os objetivos motor, psíquico e social desenvolvidos nas crianças enquanto elas brincam;

aproveitem a oportunidade para reflexões numa roda de conversa ao final de suas aulas.

Por fim, comece sua aula sempre com um aquecimento divertido, atividades de perseguição (pega-pega) são sempre bem recebidas; além de você também não necessitar de material para realizá-las, você tem uma infinidade de pega-pegas para fazer com os mais variados desenvolvimentos motores. Quando a motivação por parte da criança acabar, basta um simples "trocar de personagem" que as energias se renovam.

Bora conhecer as atividades?

Repertório

Pega-pega corrente

Objetivo motor: agilidade, coordenação.

Objetivo psíquico: cumprir a missão estabelecida.

Objetivo social: trabalho em equipe e comunicação assertiva.

As crianças deverão ficar dispersas na quadra/espaço utilizado para a atividade e o mediador deve escolher uma criança para ser o primeiro pegador. Quando esta criança conseguir pegar um de seus colegas, eles devem dar as mãos e a partir daí eles correrão juntos em busca de uma outra criança. A cada criança pega, a corrente vai ficando maior. A brincadeira termina quando todos forem pegos. A captura de um novo membro da corrente só valerá quando toda a corrente estiver unida.

Polícia e ladrão

Objetivo motor: agilidade e velocidade.

Objetivo psíquico: tolerância e respeito ao próximo.

Objetivo social: trabalho em equipe e interação social.

Divide-se as crianças em duas turmas, um grupo será a polícia e o outro grupo o ladrão. Escolha um cantinho do seu espaço para ser a prisão. Ao comando, todas as crianças do grupo da polícia devem capturar as crianças do grupo do ladrão e levarem até a cadeia. Quando todos forem pegos, invertem-se os papéis, ou seja, quem era policial vira ladrão e quem era ladrão vira policial. Combine antecipadamente com as crianças que basta um simples pegar para que a captura se caracterize, dessa forma você evitará problemas. Finja que é um comandante, invente uma história, o faz de conta agrega bastante na atividade. A atividade continua enquanto houver motivação por parte das crianças ou quando acabar o tempo da sua aula.

Gato e rato / Nunca três

Objetivo motor: agilidade, noção de espaço e direção.

Objetivo psíquico: resiliência.

Objetivo social: interação social e protagonismo.

As crianças deverão ficar dispersas na quadra/espaço utilizado para a atividade sentadas em duplas, de forma que uma sente-se na frente da outra. Uma criança deve ser escolhida para ser o gato e a outra para ser o rato. O gato deverá pegar o rato; caso ele consiga pegar, invertem-se os papéis. Para fugir, o rato deverá sentar-se atrás de uma das duplas que estarão espalhadas pelo espaço; quando isso acontecer, a criança que está sentada na frente deverá se levantar e ela se tornará o gato, e a criança que estava caçando o rato automaticamente passará a ser o gato. Com o tempo você pode aumentar a quantidade de gatos e ratos na brincadeira para que ela se torne mais dinâmica. A atividade continua enquanto houver motivação por parte das crianças ou quando o tempo da sua aula acabar.

Quatro cantos

Objetivo motor: velocidade, noção de espaço e direção.

Objetivo psíquico: desafiar-se.

Objetivo social: trabalho em equipe e cooperação.

Você deverá dividir as crianças em quatro grupos e cada grupo deverá ir para um canto da quadra. Uma criança deverá ser escolhida para ser o primeiro pegador, ele ficará no centro da quadra. Cada canto deverá ter uma nomeação de acordo com o tema escolhido para desenvolver. Ao seu comando de troca (troca canto A com o canto C), todas as crianças do canto A deverão se deslocar para o canto C e todas as crianças do canto C deverão se deslocar para o canto A; enquanto a troca de cantos se realiza, o pegador deverá pegar o máximo de crianças que ele conseguir. As crianças que forem pegas passarão a ser pegadoras também, aumentando a quantidade de pegadores e deixando cada vez mais difícil a missão dos fugitivos. As crianças fugitivas só estarão livres de serem pegas quando chegarem no canto proposto pelo comando do mediador. A atividade termina quando todas as crianças forem pegas; repita a atividade novamente, de forma que a criança escolhida para ser o primeiro pegador tenha a oportunidade de ser fugitivo dessa vez.

Mãe da rua

Objetivo motor: agilidade, noção de espaço e direção.

Objetivo psíquico: atenção e desafiar-se.

Objetivo social: cooperação e estratégia.

Coloca-se as crianças dispersas em uma das extremidades da quadra/espaço utilizado para a atividade e deve-se escolher uma criança para ser a primeira pegadora. Delimite o espaço da rua (de preferência as linhas de ataque do vôlei). Ao comando do mediador, todas as crianças devem atravessar a rua para a outra extremidade da quadra.

Ao invadir o espaço da rua, o pegador deverá pegar o máximo de crianças que ele conseguir; quem for pego passará a ser pegador junto com ele, tornando-se cada vez mais difícil a missão de atravessar a rua. O pegador não poderá invadir o espaço determinado da rua, ou seja, ele só poderá pegar as crianças quando elas entrarem no seu espaço, dentro das extremidades das linhas.

A atividade termina quando todas as crianças forem pegas. Em caso de demora para uma ou outra criança atravessar, insira um tempo; quando esse tempo acabar, os pegadores poderão invadir o espaço da "calçada". Repita a atividade, de forma que o primeiro pegador também tenha a oportunidade de ser fugitivo.

Toc, toc, toc! Quem é?

Objetivo motor: coordenação motora e agilidade.

Objetivo psíquico: expectativa e superação.

Objetivo social: comunicação assertiva e liderança.

Divide-se as crianças em dois grupos alinhados, um em cada extremidade da quadra/espaço utilizado para a atividade. Um grupo deverá dar início à brincadeira escolhendo ser alguma coisa qualquer (fruta, animal, cor etc.); supondo que o grupo escolheu ser uma banana, todos juntos deverão atravessar o espaço e ir ao encontro da outra equipe, de forma que fiquem alinhados a uma distância de aproximadamente 2m. Então inicia-se um diálogo:

– Toc, toc, toc! (grupo 1)
– Quem é? (grupo 2)
– Somos uma fruta! (grupo 1)

Então, o grupo 2 tentará adivinhar qual é a fruta que o grupo 1 escolheu ser; eles vão falando, falando até que um diga "BANANA";

nesse momento, todos do grupo 1 sairão correndo de volta para sua base e as crianças do grupo 2 deverão pegar o máximo de crianças do grupo 1 que elas conseguirem. Quem for pego passará a compor o outro time. As crianças estarão livres de serem pegas assim que ultrapassarem a linha demarcada no início da atividade pelo mediador. Na segunda rodada é a vez da equipe 2 "visitar" a equipe 1, fazendo o mesmo procedimento. A atividade continua enquanto houver motivação por parte das crianças ou quando acabar o tempo da sua aula.

Variação: insira temas que estão sendo desenvolvidos na sala com os professores (países, pontos geográficos, cidades etc.)

Azul e amarelo

Objetivo motor: desenvolvimento motor, noção espacial e temporal.

Objetivo psíquico: atenção e raciocínio rápido.

Objetivo social: interação.

Divide-se as crianças em duas equipes, de forma que ambas fiquem alinhadas uma de frente para a outra (pode-se utilizar as linhas de ataque do vôlei na quadra). Uma equipe será a cor azul e a outra será amarela. Quando o mediador der o comando AZUL, todas as crianças do grupo azul deverão correr e as crianças do grupo amarelo deverão pegar quantas crianças conseguirem. Quando o mediador der o comando AMARELO, todas as crianças do grupo amarelo deverão correr e as crianças do grupo azul deverão pegar quantas crianças conseguirem. Quem for pego passará a compor o outro time, não havendo exclusão. A criança estará livre de ser pega quando atingir o espaço determinado no início da atividade pelo mediador. A atividade continua enquanto houver motivação por parte das crianças; vence o lado que estiver com mais crianças ao final da brincadeira.

Jokempô na linha

Objetivo motor: velocidade e equilíbrio.
Objetivo psíquico: expectativa e atenção.
Objetivo social: protagonismo.

Divide-se as crianças em duas equipes e coloca-se cada equipe nas laterais extremas e opostas do seu espaço (pode-se usar as linhas laterais do futsal na quadra). Ao comando do mediador, a primeira criança de cada equipe deverá sair e contornar as linhas até que se encontrem (geralmente encontram-se no meio da quadra); quando se encontrarem, deverão jogar o tradicional Jokempô (pedra, papel ou tesoura) com as mãos; a criança que vencer deverá seguir percorrendo o caminho. A criança que perdeu deverá voltar pro final da sua fila e imediatamente a segunda criança da fila que perdeu deverá sair para dar combate à criança da outra turma, que segue percorrendo o caminho, ou seja: perdeu, final da fila; venceu, segue correndo. Quando a criança de uma das filas chegar até a equipe adversária percorrendo todo o caminho através das linhas, ela marcará um ponto pra sua equipe. A atividade continua enquanto houver motivação por parte das crianças ou quando uma das equipes atingir a pontuação proposta pelo mediador.

Assista a videoaula do autor!

Brincadeiras de atletismo

André Silva Barros

O atletismo, neste processo de desenvolvimento, auxilia como um propagador de cultura que junto à grade escolar dá acesso à transformação do ser humano nas suas respectivas potencialidades e nessa fase do Ensino Fundamental, tendo como suma importância o conhecimento e vivência dos esportes. Sua prática possibilita o desenvolvimento motor, cognitivo e afetivo-social dos alunos (DAOLIO, 1995).

Através do professor de Educação Física como o distribuidor desse conhecimento, uma vez que sua atitude dentro da escola revela um campo de perspectivas para os alunos, os esportes podem agregar diversos valores aos alunos e sua prática adequada às competências escolares trarão aos alunos formação para toda a vida (BETTI & LIZ, 2003).

Segundo Silva (2012), o atletismo deve ser trabalhado nas aulas de Educação Física Escolar de maneira adaptada, e o método que deve ser utilizado é chamado miniatletismo.

Conforme Oliveira (2006), as crianças devem conhecer as modalidades do atletismo de forma lúdica, sempre respeitando as faixas etárias.

Devido à diversidade de movimentos e situações propiciadas no atletismo, ele é considerado a "porta de entrada" para outros esportes; a psicomotricidade, aspecto fundamental no desenvolvimento da criança, está presente em todas as modalidades desse desporto, é intrínseco; logo, entende-se que uma criança que mostre interesse pelo "Mini Atletismo" e que desenvolva habilidades de saltar, arremessar/lançar e correr em velocidade terá mais facilidade ao migrar para um outro esporte ou simplesmente ter uma vida fisicamente ativa.

A ideia deste capítulo é apresentar algumas atividades de atletismo adaptadas para crianças, bem como mostrar que é possível desenvolver as atividades com materiais alternativos.

Repertório

Salto cruzado

Objetivo motor: coordenação motora, lateralidade e velocidade.

Objetivo psíquico: concentração.

Objetivo social: protagonismo.

Material: giz, fita adesiva, bambolês, tatame de $1m^2$.

Desenha-se no chão 5 quadrados em forma de cruz, na qual o quadrado superior será o número 1, o inferior o número 2, o da esquerda o número 3, o da direita o número 4, e o central o número 0. A(s) criança(s) devem saltar seguindo a sequência 1, 2, 3, 4, 1, 2, 3, 4, porém devem sempre passar pelo quadrado central (ZERO) antes de ir para a próxima casa, ou seja, a sequência será 0-1, 0-2, 0-3, 0-4, 0-1, 0-2, e assim sucessivamente. Marca-se 15 segundos no relógio e conta-se quantas sequências completas a criança consegue executar.

Variações: pode-se trabalhar em forma decrescente. Pode-se trabalhar uma espécie de "vivo ou morto", onde o professor dá o comando e quem for errando vai saindo. Pode-se desenvolver em forma de confronto, onde o professor desenha 2 quadrados em forma de cruz e quem errar a sequência primeiro dá o ponto para a equipe adversária. Atividade ótima para recreio dirigido.

Salto com vara

Objetivo motor: coordenação motora.

Objetivo psíquico: vertigem.

Objetivo social: protagonismo.

Material: 2 pneus de carro, 4 pneus de bicicleta ou 4 bambolês, 2 garrafas pet cheias de areia, 1 bambu de aproximadamente 2m, 1 bolinha de tênis, 1 corda pequena, fita adesiva e giz ou tinta colorida para desenhar os números.

A criança de posse do bambu correrá e encaixará o mesmo (o lado da bolinha de tênis) entre os 2 pneus unidos e saltará o mais longe que conseguir. As garrafas pet cheias de areia e as cordas amarrando os pneus darão sustentação ao salto. A estética do salto deve ser semelhante à de um pêndulo; a criança usará o bambu para chegar o mais longe possível. A criança deverá terminar o salto com os dois pés dentro de um mesmo pneu de bicicleta.

Salto rã

Objetivo motor: força e equilíbrio.

Objetivo psíquico: desafiar-se.

Objetivo social: protagonismo.

Material: 1 fita/pano TNT/giz de 15m com uma marcação de 50 em 50cm, um cabo de vassoura e uma garrafa pet.

Divida as crianças em duas equipes, a primeira criança da equipe A se posicionará no início da marca (rente ao primeiro quadrado) e fará um salto rã, semelhante ao salto de um sapo; faça uma marca no local em que a criança realizou o salto. A próxima criança da equipe executará o seu salto a partir dessa marca e isso se repetirá até que todas as crianças da equipe executem o salto. Repita o processo com a equipe B. A equipe que tiver percorrido a maior distância através dos saltos será a vencedora.

Arremesso de dardo

Objetivo motor: coordenação motora e força.

Objetivo psíquico: desafiar-se.

Objetivo social: protagonismo.

Material: 1 pano TNT/fita/giz de 15m com uma marcação de 50 em 50cm, 1 bolinha de tênis/borracha, rolinhos de papelão (final do papel-toalha), 1 pedaço de TNT e fita adesiva.

Divida as crianças em duas equipes; a primeira criança da equipe A realizará o arremesso do dardo o mais longe que conseguir; o processo se repetirá com todas as crianças da equipe. Depois será a vez da equipe B executar a atividade. Vencerá a equipe que, somados os resultados de todas as crianças, conseguir o maior número de pontos. Peça para que as crianças façam a soma de cada arremesso ponto a ponto com você.

Arremesso de peso ajoelhado

Objetivo motor: força.

Objetivo psíquico: desafiar-se.

Objetivo social: protagonismo.

Material: 1 pano TNT/fita/giz de 10m com uma marcação de 50 em 50cm, 1 ou 2 medicinebol e 2 colchonetes.

Divida as crianças em duas equipes; a primeira criança da equipe A realizará o arremesso da medicinebol ajoelhada no colchonete o mais longe que conseguir, de forma que o arremesso se assemelhe a uma cobrança de lateral do futebol de campo; o processo se repetirá com todas as crianças da equipe. Depois será a vez da equipe B executar a atividade. Vencerá a equipe que, somados os resultados de todas as crianças, conseguir o maior número de pontos. Peça para que as crianças façam a soma de cada arremesso ponto a ponto com você.

Revezamento de velocidade

Objetivo motor: coordenação motora e agilidade.

Objetivo psíquico: atenção e concentração.

Objetivo social: trabalho em equipe.

Material: 8 garrafas pet, 4 cabos de vassoura e 1 conduíte de aproximadamente 30cm.

Divida as crianças em dois grupos, ficando um grupo em cada extremidade das raias. Inicia-se a execução da atividade com a primeira criança da raia com barreiras de posse da argola na mão; ela correrá, saltará as 4 barreiras e entregará a argola para a primeira criança da raia oposta, que correrá a toda velocidade pela raia sem barreiras e entregará a argola para a segunda criança da raia oposta, que fará o mesmo processo. A atividade acabará quando todas as crianças tiverem executado a tarefa em ambas as raias. Marque o tempo que a turma demorará para executar o revezamento e proponha que eles superem esse tempo numa segunda tentativa.

Corrida de resistência

Objetivo motor: resistência aeróbica.

Objetivo psíquico: resiliência e superação.

Objetivo social: referência social.

Material: coletes (diversas cores).

Divida as crianças em grupos e distribua os coletes para maior identificação. Estipule pontos de largada na quadra, um para cada equipe, e marque de 3 a 5 minutos no relógio. Marque quantas voltas as crianças de suas respectivas equipes conseguem dar em volta da quadra. Vencerá a equipe que, somados os resultados de todas as crianças, conseguir dar o maior número de voltas. Faça duas ou mais baterias dependendo da quantidade de crianças.

Tiro de velocidade

Objetivo motor: velocidade.

Objetivo psíquico: superação.

Objetivo social: protagonismo.

Material: coletes (diversas cores), cones.

Divida as crianças em grupos e distribua os coletes para maior identificação. Estipule um ponto de largada na quadra. Feito isso, coloque uma criança de cada equipe na risca inicial e após o apito dá-se o início da corrida; a criança que fizer o percurso chegando no local estabelecido em primeiro ganha o ponto para a sua equipe; repita o processo até que todas as crianças tenham executado a prova.

Referências

BETTI, M. & LIZ, M.T.F. Educação Física Escolar: A perspectiva de alunas do ensino fundamental. *Motriz*, vol. 9, n. 3, 2003, p. 135-142, Rio Claro.

Confederação brasileira de atletismo [disponível em www.cbat.org.br].

DAOLIO, J. *Da cultura do corpo.* 12. ed. Campinas: Papirus, 2007.

OLIVEIRA, C.M. *Atletismo escolar* – Uma proposta de ensino na educação infantil. Rio de Janeiro: Sprint, 2006.

SILVA, S. *O miniatletismo como possibilidade pedagógica a partir de uma proposta crítico superadora.* [S.l.: s.n.], 2012.

Assista a videoaula do autor!

Brinquedos estoriados

Liana Cristina Pinto Tubelo

Ao acompanharmos a evolução dos brinquedos e sua cultura lúdica durante a trajetória do homem pelo Planeta Terra, entendemos o processo de construção sócio-histórica e cultural das civilizações que viveram no mesmo, desde o início dos tempos. Esses objetos lúdicos fazem parte do comportamento humano desde as mais antigas civilizações, encontrando-se vestígios arqueológicos nos primórdios da existência do *Homo sapiens*. Para Johan Huizinga (2004), o jogo é um fenômeno cultural, e aqui será referido juntamente com um dos brinquedos que estão conosco há milênios, a "Escada de Jacó ou de Maracá", que denomino brinquedos antropológicos, definição desta autora para objetos lúdicos que acompanham o comportamento cultural humano desde 40000 a.C. e que se encontram presentes ainda no século XXI.

O brinquedo, no que diz respeito ao comportamento humano, tem um papel fundamental na cultura lúdica ao longo da trajetória filogenética do Homem. Para Brougére (1995), o brinquedo merece estudo pelo que ele mesmo representa, enquanto objeto que revela a cultura, considerando-se o mesmo como produto dotado de traços culturais específicos. Platão já referia a palavra "brinquedo", tratando as bolas, ossinhos, peões, sem utilizar um termo universal para identificá-los. Por um longo tempo, diversos tipos de bibelôs, como rosários, peças em miniaturas, cueiros, peças que serviam para distrair as crianças foram associados ao brinquedo. No princípio do século XVI, a palavra brinquedo era desconhecida pela literatura; já pela metade do século, diferentes idiomas começaram a utilizar uma nomenclatura comum para definir tais atividades. Manson (2002) relata que, na época, chamavam de *juguete*, na Espanha, *giocàttolo*, *giucattolo*, na Itália, *toy*, na Inglaterra, e *poppenwerch*, em Flandres, norte da Bélgica. Na França, em meados de 1680, a palavra brinquedo aparece em dicionários.

Trazendo aqui neste livro, como referência de brinquedo antropológico, apresento a "Escada de Jacó", um brinquedo mirabolante e planetário, uma vez que o encontramos espalhado por diferentes culturas do planeta. A "Escada de Jacó" foi descoberta como um dos muitos tesouros das tumbas do Rei Tutancâmon. Isso significaria que o brinquedo estava em uso no Egito em 1352 a.C.; no entanto, outros afirmam que sua origem é chinesa, brinquedo chamado de blocos chineses ou dominó chinês (SCHROEDER, 2012).

Ganhou o nome de Escada de Jacó porque foi relacionada à história bíblica de Jacó, que viu uma escada infinita ligando a terra ao céu em uma visão mencionada na Bíblia, em Gn 28,12. O brinquedo funciona com um princípio de dupla articulação e pode ser feito entrelaçando fitas para atuar como uma dobradiça, é muito ilusório em ação. Quando o bloco superior é agarrado pelas bordas e girado de modo a levantar o segundo bloco na série para a mesma altura, a extremidade superior do segundo bloco cai em uma posição invertida e parece passar para baixo nos outros membros da série, primeiro de um lado da escada e depois do outro até chegar ao fundo, em situação sem fim (SCIENTIFIC, 1889). Nos Estados Unidos também é conhecido por *klick-klack*, que no Brasil se assemelha ao termo traca--traca, e também chamado de escada de maracá ou maracê, cascata chinesa, tagarela, joão-teimoso, cascatinha.

Dizem as histórias e contos do Brasil que a escada de Maracá ou trançado chinês, como é chamado na região do médio Araguaia em Mato Grosso, veio parar no Brasil através das mãos das crianças portuguesas; entretanto, não se encontrou publicações que confirmem tais histórias em que navios desembarcaram na Ilha de Maracá, Amapá, por isso aquela região tem entre os artefatos mais produzidos para venda aos turistas, o brinquedo escada de Maracá.

Este brinquedo é tão fascinante que já foi utilizado em programa de estudos da NASA, nos Estados Unidos; o programa é chamado de "Toys in space II" (1985/1993), e demonstra as ações de uma variedade de brinquedos infantis em microgravidade para comparação em sala de aula às ações de brinquedos similares na Terra.

Fazendo uma análise neuropsicológica e psicomotora desse brinquedo, descobre-se que ele promove atenção, percepções visuais, memória procedimental ao apreender as diferentes formas que o brinquedo possibilita, bem como as linguagens falada, simbólica, matemática, a criatividade e soluções de problemas, cognição, ação e reversão de Piaget. Os fatores psicomotores implicados nesse exercício lúdico são: tônus, equilíbrio dinâmico, estruturação espaçotemporal, lateralidade e praxias finas. Dessa forma percebe-se que ele contempla as quatro funções psicológicas superiores apontadas por Vygotsky: atenção, percepção, memória e pensamento, além da linguagem.

Os demais brinquedos que trago aqui referem exercícios de pareamento, como a caixa de cores, as representações simbólicas através dos animais, a coruja de porongo e da águia emborrachada.

Os origamis são tradição da cultura japonesa que tem por definição "dobraduras de papéis" nascidas há quase 1.000 anos. Estes partem sempre de uma folha quadrada, de lados iguais, e são considerados uma arte. Aqui trarei, em forma de brinquedo, a corujinha cambalhota, o pinguim e o pica-pau.

Repertório

O segredo da vida

Contada com a Escada de Jacó, esta história nasce das formas que conseguimos produzir com o brinquedo: o menino, o cachorro, a palmeira, a estrela, a casa da mãe, a gaita, a casa da avó, o livro, o rio, o peixe, a borboleta, a cobra.

História contada com a Escada de Maracá
(Liana Cristina Pinto Tubelo)

Um menino (escolher o nome) – 1ª figura – tinha um cachorrinho (escolher o nome) – 2ª figura – e morava perto de uma floresta, onde brincavam em volta de uma palmeira – 3ª figura.

Um dia, o cachorrinho (...) estava correndo em volta da palmeira (...), a qual o menino (...) adorava subir e brincar no topo da árvore, quando então o menino ouviu o latido de seu cachorro ficar cada vez mais longe. AAU! Au! au! O menino então chamou muitas vezes o cachorro pelo nome. Mas o (...) não voltou. Chegando à noite, o menino se deitou na grama e olhou para o céu escuro, visualizando – 4ª figura – uma estrela, e perguntou a ela: "Estrela, onde está (...)? Não posso voltar para casa sem ele!"

A estrela então respondeu: "Calma, (...) porque o (...) conhece o segredo da vida!" O menino voltou para casa – 5ª figura – e perguntou ansioso para sua mãe: "Mãe, mãe, qual é o segredo da vida, preciso saber para achar o (...)?"

A mãe respondeu alegre: "Ah! Meu filho, o meu segredo da vida é Tocar Gaita – 6ª figura –, adooooro tocar gaita!"

Confuso, o menino saiu correndo para a casa da sua vó – 7ª figura –, pensando: "Minha vó é muito sábia, ela vai saber qual é o segredo da vida!"

O menino perguntou a vó: "Vó, qual é o segredo da vida? Preciso saber para achar meu cachorro!" Ela respondeu: "Ah, meu neto. Meu segredo da vida é (...) – 8ª figura – ler livros, gosto muito de ler livros, eles me dão o conhecimento!"

O menino voltou para casa mais confuso, pensando tanto que dormiu. No outro dia se levantou cedinho e saiu para a floresta correndo e chamando seu cachorro (...), quando, de repente, quem aparece?

O (...)! Então os dois brincaram em volta da palmeira até que se cansaram e foram descansar na beira de um rio onde tem uma cascata – 9ª figura – e onde o rio é tão limpo que dá para ver o fundo. Lá o menino viu um (...) – 10ª figura –, um peixe, e lembrou-se daquela pergunta: Qual é o segredo da vida? Perguntou para o peixe, que respondeu: "Ah, o meu segredo da vida é nadar, nadar, nadar!" Olhando para o céu, o menino viu algo voando – 11ª figura. É uma borboleta. Perguntou para a borboleta e ela respondeu: "Ah, o meu segredo da vida é voar, voar, voar!"

Ao final daquele dia, o menino voltou para casa lembrando tudo que tinha visto e ouvido das pessoas e todos os seres a quem perguntou sobre o segredo da vida. Que sua mãe disse que o segredo da vida era (...) que a sua vó disse que o segredo da vida era (...) que o peixe disse que o segredo da vida era (...) que a borboleta disse que o segredo da vida era (...). Então o menino se deu conta de que todos estavam com uma mesma expressão ao falar de seu segredo da vida e descobriu que O SEGREDO DA VIDA ERA ENTÃO (...) SER FELIZ!

Origem das cores

Material: 2 caixas de cores – 11 pares de cores (primárias, secundárias, cinza, branco e preto). É um material de desenvolvimento montessoriano que desenvolve a acuidade visual das crianças.

Utilizando as placas de cor preta, vermelha, laranja, cinza, marrom, azul-claro, verde, amarela, rosa, roxa, vá contando a história da origem das cores ou o início de tudo utilizando as placas para interagir com as crianças. Lembro aqui que as cores são fenômenos físicos com comprimento de onda; dessa forma, elas nasceram com o princípio de tudo.

O início de tudo

No início não existia nada – PRETO – era tudo escuridão.

Então veio o calor de sucessivas explosões e a grande explosão (o BIG BANG) – VERMELHO.

Muitos asteroides, cometas, planetas surgiram, entre eles, na nossa galáxia, o Planeta Terra – LARANJA – há 5 bilhões de anos – uma esfera alaranjada como o sol.

O tempo foi passando e a Terra foi esfriando, tudo se tornou CINZA.

Mas um tempo se passou até que o MARROM apareceu na Terra; era a terra no solo ganhando condições para a vida.

Foi aí que a vida aconteceu na água – AZUL-CLARO.

A vida na água começou a produzir outras vidas, e essas vidas foram migrando para a terra, que agora já tinha plantas e árvores, grama – VERDE. Com a flora, apareceram as flores – ROSA, ROXO. Os frutos como a banana – AMARELA – e as AVES no céu – BRANCO, as nuvens.

A águia e a coruja

Material: um saco de reconhecimento (estereognósico), ou seja, um saco de pano que possa ser fechado ou amarrado com os objetos dentro. Uma águia de qualquer material, uma coruja e um ninho.

Passar o saco de reconhecimento fechado para as crianças sentirem o volume e imaginarem o que tem dentro. Depois iniciar a estória, trazendo de dentro do saco cada elemento por vez ao longo da estória e com encantamento na revelação dos objetos.

Fábula de Monteiro Lobato (baseada em Esopo)

A coruja e a águia, depois de uma briga, resolveram fazer as pazes:

– Basta de guerra – disse a coruja. – O mundo é grande e tolice maior é andarmos a comer os filhotes uma da outra.

– Perfeitamente – disse a águia. – Também eu não quero outra coisa.

– Nesse caso – disse a coruja –, de hoje em diante não comerás mais os meus filhotes.

A águia respondeu: – Certo, e como poderei saber que são seus?

– Fácil – disse a coruja. – Encontrarás um ninho com filhotes lindos, como nenhum será tão especial como os meus.

Então a águia saiu a caçar e encontrou um ninho com três monstrengos dentro, algo horrível de se ver. Foi aí que pensou – Esses não se parecem com a descrição da coruja. – Comerei.

Horas depois, apareceu a coruja triste e desesperada com a perda de seus filhotes e cobrou da águia o trato não cumprido.

A águia então disse: – O quê? Eram teus aqueles monstrinhos? Não me pareciam com o retrato de beleza que pintastes.

Moral: Quem ama o feio, bonito lhe parece. Ou, diga sempre a verdade, por mais que lhe doa.

Referências

BROUGÉRE, G. *Brinquedo e cultura*. São Paulo: Cortez, 1995.

HUIZINGA, J. *Homo ludens*. São Paulo: Perspectiva, 2004.

MANSON, M. *História do brinquedo e dos jogos* – Brincar através dos tempos. Lisboa: Editorial Teorema, 2002.

SCIENTIFIC AMERICAN. *Jacob's Ladder*, vol. LXI, n. 15 ,1889, p. 227, Nova York [Disponível em: http://ia601606.us.archive.org/5/items/scientific-american-1889-10-12/scientific-american-v61-n15-1889-10-12.pdf – acesso em 1/10/2017].

 Assista a videoaula do autor!

Brincadeiras circenses

Francislene de Sylos

A prática de atividades circenses na escola favorece a formação integral do ser humano, estimulando as competências sociais e emocionais, além de potencializar as habilidades motoras.

Bortoleto e Machado (2003) justificam a inclusão de atividades circenses como parte de um conteúdo presente na Educação Física Escolar utilizando-se do pressuposto de que as instituições de ensino têm como dever, obrigatoriamente, se apresentarem comprometidas em transmitir o legado cultural existente nas mais diversas civilizações e sociedades.

A nova Base Nacional Comum Curricular (BNCC) destaca em suas competências gerais a importância das relações com o outro e consigo, portanto, a inserção de atividades circenses durante as aulas de Educação Física contempla também a BNCC.

As brincadeiras circenses desenvolvem a concentração, a consciência corporal, a atenção, a lateralidade, o equilíbrio, o controle da respiração, o ritmo e os reflexos. Para este capítulo elas serão divididas em dois blocos – malabares e equilíbrio.

Malabares	Equilíbrio
Bolinhas	Pé de lata – Perna de pau
Swing poi	Prancha – Corda – Elástico
Argolas	Parada de mão
Clave	Estrela – Cambalhota
Prato chinês	Acrobacia coletiva

Repertório

Confecção dos malabares

Bolinhas

Material: saquinho plástico, semente de alpiste, 2 bexigas de festa tamanho 9.

Como fazer: coloque as sementes dentro do saquinho, amarre e corte a sobra desse nó e encape o saquinho com as bexigas. O tamanho ideal da bolinha é o formato da palma da mão da criança.

Prática: manipular a bolinha com a mão direita e depois com a esquerda; utilizando 2 bolinhas, fazer a manipulação ao mesmo tempo tanto com a mão direita e com a esquerda; na sequência alternar. Essa atividade pode ser praticada em dupla ou em trio com 2 ou mais bolinhas.

Variação com tule: corte o tecido em pedaços e proponha o lançamento e a recuperação individual ou em dupla. Por ser um tecido leve, a sua queda é lenta, o que facilita a recuperação. Material excelente para o trabalho com crianças pequenas.

Swing poi

Material: jornal, barbante, TNT, tesoura e fita crepe.

Como fazer: faça 1 bola com 2 folhas de jornal e prenda com a fita crepe para que ela não abra. Na sequência, prenda a bola com o barbante e, com o TNT, faça um pequeno corte para que o barbante possa passar pelo tecido e, para finalizar e dar o formato do swing poi, prenda com a fita crepe para que a bola não se desprenda do TNT. Utilize a tesoura e faça os cortes no próprio TNT para realçar o movimento do swing poi no ar.

Prática: manipular o swing poi com a mão direita, fazendo movimento na parte lateral do corpo, acima da cabeça, em torno do corpo e movimento cruzado à frente do corpo. Repetir os mesmos movimentos do lado esquerdo. Depois de explorado com os lados direito e esquerdo, utilizar dois swings poi repetindo ou criando séries de movimentos.

Argola

Material: pode ser feita com papelão e com mangueira de jardim (1m).

Como fazer: marque o círculo interno (raio de 14cm) e externo (raio de 18cm) do papelão, risque com um compasso e recorte (repita esse passo duas vezes para cada argola). Prenda com fita adesiva colorida em volta da argola. Se optar pela mangueira, basta unir os dois pontos e prender com fita crepe.

Prática: manipular a argola com o lado direito, depois o esquerdo, na sequência alternar os lados. Depois da sequência, acrescentar mais uma argola e repetir a série anterior. Essa atividade pode ser feita em dupla ou em trio, de acordo com o número de material confeccionado.

Clave

Material: garrafa pet de 600ml com tampinha, fita crepe, cano de PVC (0,70cm).

Como fazer: introduza o cano de PVC na garrafa pet, prenda primeiro o cano próximo ao bocal com a fita crepe e depois prenda a tampinha. A tampinha é material imprescindível, pois fará com que a clave não escorregue na fase de recuperação.

Prática: manipular a clave com a mão direita e depois com a esquerda, na sequência alterná-la. Depois de executados os movimentos, acrescentar mais uma clave, manipular as 2 claves ao mesmo tempo e, na sequência, alternando-as. Essa atividade pode ser feita em dupla e em trio.

Prato chinês

Material: pano grosso, barbante, cola para tecido e cavilha (encontrada em marcenaria).

Como fazer: desenhe um círculo no pano grosso e recorte, pegue o barbante e monte uma pequena circunferência no centro do pano utilizando o barbante e use cola de tecido para fixação.

Prática: inserir a ponta da cavilha no centro do círculo feito com barbante, executando movimentos circulares.

Brincadeiras de equilíbrio

Pé de lata/Perna de pau

Riscar o chão com giz (círculos). Fazer com que a criança que esteja no pé de lata/perna de pau coloque um pé de cada vez dentro de cada círculo. É uma forma de coordenar as passadas e trabalhar o equilíbrio, tanto para o pé de lata bem como para a perna de pau.

Riscar o chão com giz (reta) ou colocar uma fita, fazer com que a criança caminhe com o pé de lata/perna de pau sobre a linha.

Corda/Elástico/Prancha de equilíbrio

Colocar uma corda grossa no chão e caminhar sobre ela. Já com o elástico, deve-se amarrar em duas extremidades e caminhar sobre ele. Para a prancha de equilíbrio é preciso um pedaço de madeira no qual os pés fiquem completamente apoiados, e uma garrafa pet com água. Colocar a garrafa pet deitada e a prancha por cima, e com auxílio do professor subir na prancha.

Essa é uma atividade que requer cuidado, pois ao subir na prancha a criança fica suscetível a queda, portanto, o acompanhamento do professor é fundamental.

Parada de mão

Para esta atividade utilizar o recurso da parede e auxílio do professor, ficar de pé, com os braços acima da cabeça. Afastar as pernas para distribuir o peso do corpo, espaçando os pés na distância dos ombros. Dar um passo para frente com a perna dominante. Inclinar o corpo para frente com as costas retas. A perna não dominante deve ser a primeira a subir. Firmar as mãos no chão, abrindo os dedos. Por fim, levantar a perna dominante, juntando-a à outra perna. Estender as pernas e manter o corpo reto.

Estrela/Cambalhota

A sequência inicial para a estrela é: mão, mão (abrir bem os dedos e colocar a palma da mão no chão), pé, pé. Quanto mais reto o corpo, melhor o movimento.

Para a prática da cambalhota, utilizar colchonetes para amortecer o impacto, o movimento começa agachado com os pés juntos. Para isso, junte os pés e flexione os joelhos de forma a ficar de cócoras. Colocar as mãos no chão com os cotovelos flexionados, cabeça próxima ao corpo impulsionando o corpo para frente.

Acrobacia coletiva

Os alunos-base serão aqueles que darão suporte e o aluno-volante será o sustentado.

Formar trio, dois alunos na base (em pé) com as mãos entrelaçadas enquanto o volante coloca um pé de cada vez nas mãos entrelaçadas. É também possível formar sextetos, quatro alunos-base estarão com as pernas semiflexionadas (em pé), enquanto dois volantes subirão, colocando uma perna na coxa de cada base, distribuindo o peso do corpo.

Por fim, é possível propor todas as práticas descritas por meio de um circuito, possibilitando que os alunos vivenciem a experiência potencializadora das práticas circenses no espaço da escola, transformando o ambiente de forma lúdica com imagens que remetam ao universo circense, envolvendo a comunidade escolar num projeto interdisciplinar.

Referências

BORTOLETO, M.A.C. & MACHADO, G.A. Reflexões sobre o circo e a Educação Física. *Revista Corpoconsciência*, n. 12, 2003, p. 39-69, Santo André.

BRASIL. Ministério da Educação. *Base Nacional Comum Curricular*. Introdução. 2018 [Disponível em http://basenacionalcomum.mec.gov.br/abase/ – acesso em 10/07/2018].

Assista a videoaula do autor!

Jogos africanos

Rafael Fiori

A Lei n. 10.639, de 2003, traz em seu texto a obrigatoriedade do estudo da história e cultura afro-brasileira nos estabelecimentos de Ensinos Fundamental e Médio, trazendo junto dele o estudo da história da África e dos africanos, a luta do negro no Brasil e a influência dos negros na formação da sociedade.

Embora esses estudos estejam ligados mais diretamente às disciplinas de História e Arte, todas as outras podem (e devem) utilizar este tema dentro da elaboração de seu planejamento anual, realizando um trabalho multidisciplinar dentro do projeto político-pedagógico da escola.

A Educação Física tem várias influências da cultura africana, inclusive o surgimento da capoeira, sendo uma atividade que atua em vários elementos, tais como ritmo, dança, lutas e trabalhando um repertório motor muito vasto, além das relações sociais, e trazendo a reflexão do histórico escravocrata pelo qual o país passou.

Além da capoeira, temos várias outras brincadeiras e jogos oriundos da África ou de origem afrodescendentes que podem ser realizadas na escola. Assim, surgirá também o estudo multidisciplinar – a parte linguística através dos nomes, a origem histórica, a noção geográfica e, em alguns jogos de raciocínio lógico (em que os africanos possuem vários), a inteligência lógica matemática.

É claro que, como em todas as outras atividades, os jogos ou brincadeiras de origem africana precisam ser contextualizados, e não apenas utilizados como um fazer por fazer; sua prática não pode ser algo simplesmente jogado no conteúdo e que, após a realização, torne-se esquecido e perca seu valor.

Dentro deste tema, trago a vocês algumas atividades de origem africana ou afrodescendente a fim de estimular a realização desta prática e despertar nos alunos um interesse maior sobre o conhecimento de tal cultura.

Repertório

Mamba

Este é o nome de uma serpente muito venenosa que vive na região sul do continente africano. O jogo mamba é um tipo de pega onde o pegador é a cabeça da serpente e aqueles jogadores que vão sendo pegos vão se juntando atrás do pegador, segurando na cintura ou nos ombros de quem está na frente; desta forma, torna-se uma serpente cada vez maior. Apenas a cabeça da serpente pode pegar; ao corpo da serpente cabe a missão de atrapalhar a fuga daqueles que não estão pegos para que a cabeça consiga alcançá-los.

Neste jogo, devido a grande dificuldade de se pegar uma pessoa estando no formato de serpente, é interessante limitar o espaço de acordo com a quantidade de jogadores.

Shishima

É um jogo de tabuleiro originário do Quênia, suas regras são simples e desenvolvem noções de raciocínio lógico, concentração e estratégia. O tabuleiro é um octógono com uma casa central, somando um total de 9 casas; cada jogador tem 3 peças.

De forma alternada, cada jogador realiza uma jogada, podendo mover sua peça para uma casa vazia em que esteja ligada pela linha, não podendo passar por cima de nenhuma peça. Para vencer o jogo, é necessário alinhar as três peças em alguma das retas do tabuleiro, sendo assim, obrigatoriamente, com uma peça na casa central. Este jogo pode ser realizado também de forma corporal, onde se faz uma equipe com quatro jogadores, sendo três deles as peças e um deles o jogador que comanda as peças, dizendo para qual casa elas devem se locomover.

Pegue o bastão

Jogo de origem egípcia feito em roda. Cada jogador terá um bastão que deverá ficar na posição vertical, com uma das extremidades encostada no chão. Ao sinal do comandante, que deverá dizer "troca", todos os jogadores deverão soltar seu bastão e pegar o bastão que está à sua direita, dando um passo para este lado. Aquele jogador que errar é eliminado do jogo.

Pegue a cauda

De origem nigeriana, neste jogo se formarão várias serpentes (varia de acordo com a quantidade de participantes) com 3 a 5 pessoas em cada, que ficarão em coluna segurando no ombro ou cintura do jogador à sua frente. Cada serpente é um time, onde o último terá em sua cintura um lenço e, o primeiro, a missão de conduzir pelo caminho e pegar o lenço das outras serpentes. Quando todos os lenços foram tomados, conta-se qual serpente conseguiu mais lenços e esta será a equipe vencedora.

Mbube

De origem em Gana, esta atividade faz referência à caça do leão, sendo que a palavra "Mbube" significa leão em zulu. Este jogo ocorre em roda, tendo dentro da roda dois jogadores, ambos vendados, representando um leão (pegador) e uma impala (a caça). Quando o jogo se inicia, o leão deverá seguir as dicas dos jogadores que estão formando a roda para conseguir pegar a impala, que, por sua vez, também através das dicas da roda, tentará escapar do leão. A roda ficará repetindo as palavras "MbubeMbube" (pronuncia-se imbubeimbube) bem baixinho quando o leão estiver longe, começando a falar cada vez mais alto conforme o leão vai se aproximando da impala. Quando o leão consegue caçar a impala, troca-se esses dois jogadores.

Quilombo e senzala

No início do jogo se determina uma área que será a senzala e uma outra área que será o quilombo. Os jogadores ficarão dispostos fora das áreas de quilombo e senzala, tentando fugir da captura do capitão do mato, que com um chicote (espaguete de natação) tentará capturá-los para que estes fiquem presos na senzala. Quando um "escravo" é capturado pelo capitão do mato, ele ficará preso na senzala. O Zumbi dos Palmares, para salvar os "escravos", deverá ir até a senzala, pegar o "escravo" pela mão e levá-lo até o quilombo, para deixá-lo liberto. Ao final da atividade, deve-se sentar com os jogadores e questioná-los sobre como foi a situação de ser perseguido, chicoteado e preso, fazendo um paralelo com o período histórico em que havia pessoas escravizadas.

Pega-pega cocorinha

Baseado nos movimentos da capoeira, surge o pega-pega cocorinha. Neste jogo haverá um pegador (ou mais, dependendo da quantidade de jogadores) que, quando pegar alguém, este deverá ficar na posição "cocorinha" (abaixado de cócoras com um dos braços frente ao rosto), podendo ser salvo por qualquer outro jogador que não seja o pegador. Para salvar, o jogador deverá passar uma das pernas por cima do jogador pego, realizando assim o movimento de meia-lua da capoeira.

Labirinto

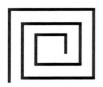

Originário de Moçambique, o labirinto é um jogo muito fácil de ser realizado, podendo ser feito como uma espécie de jogo de azar. Dois jogadores terão uma peça cada um, que deverá percorrer por todo o labirinto, sendo que aquele que chegar primeiro ao final do labirinto vence. De forma alternada, cada jogador esconderá em uma das mãos uma pedrinha, tendo o adversário que acertar em qual das mãos a pedrinha está escondida. Se o adversário acertar a mão que está com a pedrinha, ele anda uma casa, se errar, permanece no mesmo lugar.

Referências

BRASIL. *Lei n. 10.639, de 9 de janeiro de 2003*. Estabelece as diretrizes e bases da educação nacional, para incluir no currículo oficial da Rede de Ensino a obrigatoriedade da temática História e Cultura Afro-brasileira [Disponível em http://www.planalto.gov.br/ccivil_03/leis/2003/l10.639.htm].

Assista a videoaula do autor!

Jogos indígenas

Rafael Fiori

A Lei n. 11.645 de 10 de março de 2008 traz em seu texto que "nos estabelecimentos de Ensino Fundamental e de Ensino Médio, públicos e privados, torna-se obrigatório o estudo da história e cultura afro-brasileira e indígena"(BRASIL, 2008).

Embora este tema esteja ligado mais diretamente a disciplinas como História e Arte, nenhuma disciplina pode deixar de utilizar em seu currículo tal tema, devido a importância histórica na formação cultural da sociedade na qual vivemos, haja vista a grande miscigenação ocorrida no Brasil desde o seu "descobrimento".

Antes da chegada dos europeus na América ela já era povoada por diversas tribos indígenas que possuíam, cada uma delas, um modo de vida e sua própria cultura, que a partir da chegada dos europeus passou a ser modificada. Mesmo com sua população aos poucos sendo extinta, muito das características se manteve e ainda se mantém nas poucas civilizações indígenas que ainda restam.

Destaca-se então as brincadeiras e jogos indígenas, nas quais muitas delas fazem referência a atividades de lutas e caças, algo que no passado era muito comum e que em algumas tribos ainda permanece, além dos brinquedos tradicionais que até hoje permanecem, como o pião, a zarabatana, o chocalho, a peteca, a flauta de bambu e a perna de pau.

Podemos também destacar por aqui os jogos dos povos indígenas, que são uma celebração em que tribos de diferentes etnias se encontram para disputar várias modalidades de jogos referentes à cultura indígena, se tornando um grande evento para as tribos remanescentes e uma excelente forma de manter a cultura indígena ainda viva.

Dentre as atividades que trago neste capítulo, algumas delas são adaptações de modalidades realizadas nos jogos indígenas, podendo, dessa forma, abrir possibilidades de debates sobre o assunto, buscando informações sobre o conhecimento de cada um referente a esse tema e, através disso, enriquecer culturalmente as conversas sobre o que são os povos de etnia indígena.

Repertório

Arranca mandioca

Em coluna, uma primeira criança ficará sentada "abraçando" uma árvore (pode ser poste ou pilar) e as outras se sentarão atrás, com as pernas afastadas passando ao lado do corpo da que está à frente e segurando (abraçando) na cintura. Uma criança é escolhida para "arrancar a mandioca", que é puxar, a partir da última criança, uma a uma até que todas elas se soltem, inclusive a primeira que está segurando na árvore. Pode combinar antes se poderá fazer cócegas e se a criança que já foi retirada poderá ajudar a retirar as próximas.

Gavião e passarinhos

Nesta atividade desenha-se no chão uma árvore, que é onde os passarinhos iniciam. Um outro local é escolhido para ser a toca do gavião. Quando o jogo inicia, os passarinhos que saem da árvore precisam fugir do gavião, para que este não os pegue. O passarinho que é "caçado" pelo gavião "morre" e vai para sua toca. O jogo termina quando só resta um passarinho e reinicia com este sendo o gavião.

Sol e lua

Atividade parecida com o cabo de guerra, porém sem o uso da corda. Duas pessoas, uma Sol e outra Lua, dão-se as mãos no alto, formando uma ponte. Os outros jogadores vão passando sob a ponte. Um a um a ponte vai "prendendo-os" e perguntando se vão para o Sol ou para a Lua, formando assim as esquipes. Os jogadores que escolherem o Sol vão para trás do Sol e formam uma coluna segurando na cintura do que está à sua frente; o mesmo ocorre com a Lua. Quando todos os jogadores já estiverem em suas equipes inicia-se a luta; ambas as equipes começam a puxar e a equipe que se soltar primeiro perde a disputa.

Corrida com tora

Nesta atividade, cada equipe deverá percorrer uma distância pré--determinada carregando uma tora de árvore no ombro no menor tempo possível. Para adaptarmos a atividade, utilizamos materiais mais leves, como galhos de árvore mais finos ou cones grandes, que podem fazer o mesmo efeito do movimento.

Corrida do Saci

Determina-se uma distância (as tribos consideram cerca de 100m) para ser percorrida saltando em um pé só, sem poder trocar o pé no percurso. Vence o jogador que conseguir chegar até o outro lado ou aquele que conseguir chegar mais perto do final.

Xikunahity

Em um campo, traça-se uma linha no centro, separando o lado dos dois times. Golpeando uma bola apenas com a cabeça, deve-se com apenas um golpe lançar a bola para o campo adversário, que por sua vez deverá rebater a bola da mesma maneira. Para se fazer um ponto, a bola deverá ficar no campo do adversário após este ter golpeado a bola e ela não ter ultrapassado a linha para o outro lado.

Jogo da onça

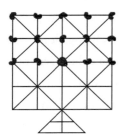

Jogo de tabuleiro que trabalha muito a questão da estratégia. Em um tabuleiro (conforme figura) serão organizados 14 cachorros e 1 onça. O objetivo dos cachorros é conseguir "prender" a onça em alguma casa do jogo para que ela não tenha mais possibilidade de movimentos, enquanto o objetivo da onça é capturar 6 cachorros. O cachorro não pode capturar a onça, apenas cercá-la. A onça, para capturar um cachorro, precisa que ele esteja em uma casa à sua frente e ter a próxima casa vazia, pulando por cima do cachorro e capturando-o.

Referências

BRASIL. Lei n. 11.645, de 10 de março de 2008. "História e Cultura Afro-brasileira e Indígena"[Disponível em http://www.planalto.gov.br/ccivil _03/_ato2007-2010/2008/lei/l11645.htm

Assista a videoaula do autor!

Jogos com tampinhas

Volney Paulo Guaranha

A criação é característica primordial no desenvolvimento humano. Ao desenvolver jogos de construção, é importante dar ao brincante a liberdade para criar, recriar, montar, construir, mudar a ação inicial a fim de expressar a identidade nesta construção e releitura de novos usos.

Temos como material uma simples tampinha de garrafa pet. Aquela que seria descartada após o uso. Mas nós, facilitadores de jogos e mestres na arte de inovar os conceitos de dinamizar a interação entre o ser brincante, temos como domínio o uso de criar possibilidades referentes a materiais recicláveis no contexto de brincadeiras e jogos. As tampinhas de garrafa pet podem se tornar fonte de tempo de qualidade com os brincantes, seja motor ou cognitivo.

Para o desenvolvimento sustentável, os 3Rs da sustentabilidade (Reduzir, Reutilizar e Reciclar) são ações práticas que visam estabelecer uma relação mais harmônica entre consumidor e meio ambiente.

Nosso intuito é REUTILZAR materiais alternativos para a construção de brinquedos. Jogamos muitas coisas no lixo que poderiam ser reutilizadas para outros fins. Reutilizando, geramos uma boa economia doméstica, além de estarmos colaborando para o desenvolvimento sustentável do planeta. Isto ocorre, pois tudo que é fabricado necessita do uso de energia e matéria-prima. Ao jogarmos algo no lixo, estamos também desperdiçando a energia que foi usada na fabricação, o combustível usado no transporte e a matéria-prima empregada. Sem contar que, se este objeto não for descartado de forma correta, ele poderá poluir o meio ambiente.

A ideia é mostrar algumas formas de usar as tampinhas de garrafas como necessidade dos brincantes em materializarem sua imaginação por meio da construção dos símbolos nos jogos de construção. Os jogos de construção são manuseio de matérias pelos brincantes para que criem, construam e transformem seu mundo imaginário. Apresentam uma estreita relação com o jogo simbólico.

Quando inserimos jogos de construção e adaptação principalmente no universo infantil, há a organização na sua realidade e construção de sua própria história, expressando assim seus níveis de estruturação mental, seu desenvolvimento cognitivo e afetivo-emocional.

Portanto, permitam-se ao poder da criação. João Batista Freire relata que "um brinquedo só é um brinquedo a partir do momento em que é brincado", ou seja, sejamos fontes de inspiração em novas formas de brincar, jogar e construir jogos com material alternativo e fazer desses descartáveis um objeto de ação.

Repertório

Senha

Semelhante ao jogo *Senha*, usar as tampinhas como pinos. Usar de 4 a 5 tampinhas de cores diferentes. Um dos brincantes deverá esconder numa sequência lateral as tampinhas. Os demais brincantes deverão desvendar com outras tampinhas a sequência escolhida pelo criador da senha. Caso não se tenha tampinhas suficientes, pode-se apenas falar ou pintar num papel com lápis de cor ou caneta hidrográfica. Caso acerte uma tampinha na sua ordem, o criador da senha deverá falar que está correta uma tampinha, podendo falar ou não qual é. Isto vai depender da regra que o facilitador colocar no jogo. Caso errem, reinicie com outra sequência. Até que acertem toda a sequência. O jogo de *Senha* exige que se trabalhe com a construção e a verificação de hipóteses.

Estafeta de tampinha

Em uma fila indiana, todos com pernas abertas e em pé. O primeiro brincante deverá jogar a tampinha a fim de passar por todas as pernas e chegar no último brincante de cada fila. Este deverá pegar a tampinha, correr até o início da fila, e assim sucessivamente, até que todos façam a atividade.

Corrida do peteleco

Com 3 tampinhas apenas e individualmente. O objetivo é fazer sempre um "golzinho", sendo que, das 3 tampinhas, 2 são o "gol" e 1 é a bola, a qual será "petelecada". Dar um peteleco (com o dedo indicador fazer um movimento de empurrar a tampinha a fim de deslizar na área de jogo) nela em direção ao "golzinho". Repare que se forma um triângulo no formato das tampinhas. O brincante pode escolher qualquer uma das tampinhas para fazer o gol. Uma dica é o brincante ir contando quantos golzinhos consegue fazer sem errar e fazer diversas tentativas. Isso favorece a autossuperação.

War

Desenhar dois campos de batalha. Pode-se usar figuras geométricas para esses territórios e desenhar uma linha no meio que dividirá os dois campos. Escolher 3 soldados de tampinhas, os quais ficarão dentro desse território, distribuindo-os aleatoriamente pelo espaço. Escolher um outro soldado, que será o jogador que irá combater no território adversário através de petelecos. O objetivo é fazer com que os soldados inimigos saiam do território através da petelecada feita antes da linha que divide os territórios.

Boliche de pirâmide

Fazer uma pirâmide de tampinhas e, com o movimento de arrastar ou petelecar as tampinhas, fazer com que a pirâmide desabe. Pode-se jogar em duplas, cada um faz a sua pirâmide e, ao sinal, o adversário precisa derrubar a pirâmide do oponente.

Torre de tampinhas

Empilhar as tampinhas uma em cima da outra. Excelente estratégia para crianças pequenas.

Tiro ao alvo

Desenhar um alvo no chão e, a uma certa distância, empurrar a tampinha para que acerte o alvo. Uma dica seria desenhar a figura humana de um brincante e fazer um coração no tronco do desenho; este será o alvo.

Capacete de dedo

Equilibrar as tampinhas nos dedos das mãos. Fazer uma série de exercícios ou circuito com as tampinhas sendo o capacete. Evitar de as tampinhas caírem no chão.

Quique tampinha

Jogar a tampinha no chão e pegá-la na sequência, dando uma quicada no chão. Parece fácil, mas não é.

 Assista a videoaula do autor!

Jogos de pega-pega

Volney Paulo Guaranha

Esta atividade pode ser classificada como brincadeiras de perseguição. O pega-pega ou pique-pega dado ao português brasileiro ou apanhado ao português europeu é uma brincadeira infantil muito conhecida. Pode-se também ser conhecida com pira, trisca, picula, manja em diferentes regiões do Brasil. Há registros de que essa brincadeira foi criada na Holanda em 1830 e logo se popularizou por todo o continente europeu.

Conforme encontramos no livro *Brinquedos e brincadeiras*, de Nereide Schilaro Santa Rosa, as crianças brincam de pega-pega desde a Idade Média, pois "[...] as antigas histórias de bruxas da Idade Média ajudaram na criação de uma das mais conhecidas brincadeiras folclóricas: o pegador ou pega-pega" (SANTA ROSA, 2001, p. 22).

A autora relata que sua origem remonta às antigas lendas europeias medievais nas quais a figura da bruxa estava muito presente como perseguidora de pessoas, por isso, em algumas regiões do Brasil, "[...] a criança que pega as outras no pega-pega é, até hoje, chamada de bruxa" (2001, p. 22).

Já entre as crianças africanas, que viveram no tempo da escravidão aqui no Brasil, Santa Rosa (2001, p. 22) conta que elas gostavam dessa brincadeira, contudo, não tinham o menor conhecimento sobre as bruxas europeias.

Desse modo, a origem africana do pegador está relacionada a uma forma de imitação de como viviam os escravos fugitivos, os quais eram perseguidos por seus donos e capitães do mato, que eram pessoas contratadas para procurar escravos que fugiam.

O objetivo principal dessa atividade é haver um pegador e os demais brincantes serão os fugitivos. O pegador deverá correr atrás dos fugitivos, e quem for tocado, automaticamente vira o pegador, dependendo do modo da brincadeira, pois existem inúmeras variações para se brincar de pega-pega.

Não há um número exato de brincantes, podendo ser pequenos grupos ou grandes grupos. Mas aqui vale uma ressalva: quanto mais brincantes, melhor para o desenvolvimento da atividade. Em algumas variações é comum ter um pique, que é um lugar na qual os fugitivos estarão salvos do pegador.

Dentro dos aspectos de bases psicomotoras, o jogo de pega-pega desenvolve as seguintes habilidades:

• eixo motor: estrutura corporal; ajuste postural; respiração; lateralidade; coordenação dinâmica geral; localização espacial; reconhecimento do espaço (frente-traz/aproximação-distanciamento/união-separação); velocidade, pausa e aceleração;

• psicomotores: locomoção (andar, correr, saltar) e equilíbrio (estar de pé);

• cognitivos: atenção; concentração; discriminação visual e auditiva; identificação e memorização; e

• afetivo-sociais: espírito de equipe; conhecimento de si e dos outros, respeito às regras, a si e aos outros; disciplina; organização; cooperação; esforço para se superar; autoconfiança e honestidade.

Pega-pegas são excelentes estratégias para os brincantes se movimentarem e desenvolverem suas habilidades e capacidades motoras. Perfeito para fortalecer as pernas, além de desenvolver o cognitivo dos brincantes na elaboração de escapar e/ou pegar os outros fugitivos.

Há uma variação enorme dos jogos de pega-pega, como pique-altinho, pega-vírus, pega-zumbi, o rei e o ladrão, rio vermelho, pique-pega do Saci, polícia e ladrão, pega-pega congela, mãe da rua, pega-pega aranha, cada macaco no seu galho, e pega-chiclete. O que vale apenas é ser um jogo passado de geração em geração.

Seguem algumas possibilidades dessa incrível atividade, a qual pode ser usada em aquecimento ou iniciação de um jogo qualquer.

Repertório

Pega-pega nomes

Todos os brincantes em um território estipulado pelo aplicador da atividade. Escolhe-se um pegador e os demais são fugitivos. O pegador corre atrás de um brincante; este, para não ser pego, deverá falar o nome de outro brincante. Automaticamente o nome pronunciado será o pegador. Nota-se que todos devem estar atentos, pois é um jogo dinâmico onde os pegadores trocam-se com constância.

Pega-pega espelho

Apenas um pegador corre atrás dos fugitivos. Assim que pegar um, este deverá ficar numa posição qualquer. Para ser salvo, um outro brincante deverá imitar a posição criada por quem foi pego, fazendo a situação de espelho. Feito isso ambos retornam à atividade.

Pega-pega seu privada

Ao pegar o fugitivo, este deverá fazer a posição de um vaso sanitário (com um dos joelhos encostado no chão, fazendo a posição de cadeirinha, e um dos braços erguidos para o alto – simbolizando a cordinha da descarga). Para serem salvos, os demais fugitivos podem salvar este brincante sentado na privada, imitando que está fazendo suas necessidades fisiológicas e baixando a cordinha. Ah, não se esqueça de fazer sons, principalmente quando puxar a cordinha.

Pega-pega movimento

Esta é uma atividade onde cada brincante pego vira o pegador. No início do jogo o pegador cria um movimento qualquer, por exemplo, girando os braços. Todos os brincantes devem imitá-lo e fugir fazendo este movimento, inclusive o pegador. Ao pegar alguém, automaticamente troca-se de pegador, e quem foi pego cria outro movimento, por exemplo, pular num pé só. Assim todos devem fugir pulando num pé só, e sucessivamente. Como dica, os movimentos não podem ser repetidos, com isso estipulamos a criatividade no nosso brincante.

Pega-pega Pac Man

Esta atividade deve ser feita num local onde haja linhas demarcadas numa quadra, pois os brincantes só poderão correr em cima dessa linha estimulando o equilíbrio e a noção espacial. O pegador é o *Pac Man* e deverá pegar os fugitivos. Assim que pegar um, este ficará sentado até ser salvo por um anjo, que será escolhido pelo facilitador antes da atividade iniciar. Para os maiores, pode-se criar uma regra estipulando que cada fugitivo pego refere-se a um paredão, e quem estiver fugindo não poderá ultrapassar este paredão, criando outros caminhos de sobrevivência no jogo para fugir. Como dica, sugiro contextualizar o jogo criando histórias sobre o Pac Man.

Pega-pega invertido

Um jogo que mistura um pouco de pega-pega com esconde-esconde. Ideal para espaços amplos. Com o grupo todo, o facilitador escolhe apenas um brincante, que se esconderá dos demais. Ao se esconder, todos os outros batem cara (contam até 50 segundos). Após o comando de valer, todos individualmente devem procurar o brincante que se escondeu. Ao ser encontrado, quem o achou deve ficar sentado ao lado dele e sem alarde, pois o último que chegar deverá pagar uma prenda ou um castigo. Por isso que chamamos de pega-pega invertido.

Quero ver quem pega

Para se brincar nesta atividade, canta-se uma música, ou repete-se esta frase: "Quero ver quem pega! (bate 3 palminhas). Quero ver quem pega! (bate 3 palminhas). Quero ver quem pegaaaaaaaaaaa aaaaaaaaaaaaaaaaaaaaaa!"

Feito este refrão, o facilitador fala alguma parte do corpo, um brincante, coisas que estejam vestindo ou local do espaço da atividade. Por exemplo, perna, umbigo, pescoço, nariz, quem está de óculos, quem está de tiara, quem está de tênis preto, a trave do gol, a lousa das salas de aula, a fechadura da porta, e por aí vai. O objetivo do jogo é todos pegarem aquilo que foi dito pelo facilitador. Como dica, inicia-se o jogo pegando coisas próximas de vocês e depois mais distantes. Pode usar também instrumentos musicais para ficar mais dinâmica e animada a atividade.

Referências

SANTA ROSA, N.S. *Brinquedos e brincadeiras*. São Paulo: Moderna, 2001 [Disponível em http://crinfancia.blogspot.com/2013/08/pega-pega-ou-pique-pega-informacoes-e.html – acesso em jul./2018].

SMOLE, K.S.; DINIZ, M.I.S.V. & CÂNDIDO, P.T. *Brincadeiras infantis nas aulas de matemática*. Porto Alegre: Artmed, 2010.

Assista a videoaula do autor!

Jogos de queimada

Volney Paulo Guaranha

Quem nunca participou ou viu um jogo de queimada, comum nas aulas de Educação Física, mas que se aplica em diversos outros locais como ruas, praias, campos e quadras, quintais e onde haja um espaço e força de vontade em praticar este jogo?

Esta brincadeira ou jogo, como queiram definir, também pode ser chamado de cemitério, mata-soldado, barra bola, queimado, baleado, baleada, caçador, carimba, guerra, jogo da mata, carimbada.

Há relatos de que o jogo de queimada, nome dado ao português brasileiro, ou jogo de mata, original do português europeu, provavelmente surgiu na Colômbia, porém há registros de origens nos Estados Unidos. Para os brasileiros, é um jogo muito praticado em escolas como brincadeira, sendo considerado como um esporte infantojuvenil.

Historicamente, talvez o Egito não seja lá uma força nos esportes com bola, mas o uso delas em práticas recreativas e esportivas vem de muito longe. Algumas referências datam da 11ª dinastia (2130-1983 a.C.). No Egito antigo a bola não era confeccionada como hoje em dia. Elas eram sólidas, feitas de couro, junco e outros materiais. O preenchimento poderia ser de papiro e elas não eram grandes, medindo entre 3 e 9cm de diâmetro. Ao que parecem, as bolas eram usadas em jogos de mulheres. As referências de jogo com bola entre os homens foram encontradas somente no Reino Novo (1550-1070 a.C.).

Podemos citar dois jogos praticados pelas jovens naquele tempo, mas infelizmente não temos as regras completas. Mas já dá para se ter uma ideia. No primeiro, dois grupos de mulheres ficavam frente a frente. A jovem do centro tinha a posse da bola enquanto as outras batiam palmas. Num dado momento, a moça do centro arremessava a bola para o outro grupo. Talvez o jogo funcionasse como o nosso queimado (ou queimada).

No segundo jogo, duplas eram formadas e se enfrentavam da seguinte forma: uma das jovens colocava a outra nas suas costas e a de cima tinha a posse da bola enquanto a de baixo era responsável pelo movimento da dupla. De novo a bola era arremessada para a dupla rival, mas não sabemos o que acontecia. Com certeza, quedas e cenas engraçadas deveriam ocorrer nesse jogo. Algo parecido, mas sem bola, tem sido praticado ao longo dos tempos. Uma brincadeira bem familiar para quem já fez natação ou é chegado a uma piscina – a "briga de galo". Esses jogos recreativos com bola entre as mulheres não estavam restritos às crianças. É provável que adolescentes e jovens adultas também tenham participado.

O principal objetivo do jogo de queimada é queimar o adversário. Esta ação se deve ao fato de um jogador jogar a bola em direção ao seu oponente sem esbarrar em nenhum local, isto é, a bola precisa percorrer a direção de ir diretamente ao corpo do adversário, simbolizando a queima. Há algumas variações onde existe uma regra de "mão fria". Quando esta regra ocorre, significa que, ao jogar a bola, se o adversário defender com a mão ou esbarrar na mão quando a bola vier em sua direção, este jogador não está queimado, porque a mão está imune e o jogador tem uma estratégia a mais para se esquivar da bola. Pode também variar partes do corpo para esta imunidade.

Dentro dos aspectos de bases psicomotoras, o jogo de queimada desenvolve as seguintes habilidades:

- eixo motor: estrutura corporal; lateralidade; localização espacial; reconhecimento do espaço (dentro-fora/acima-abaixo/frente-traz/aproximação-distanciamento), velocidade, pausa e aceleração;

- psicomotores: locomoção e manipulação;

- cognitivos: atenção; discriminação visual e auditiva;

- afetivo-sociais: conhecimentos e respeito a si e aos outros, respeito às regras, disciplina; organização; cooperação e superação.

Para se jogar queimada o aplicador da atividade deverá ter como material bolas macias, dependendo da estratégia do jogo, pois há uma infinidade de variações e de preferência um terreno plano e sem obstáculos. O tamanho do terreno pode variar conforme o número de jogadores e a faixa etária.

Dodgeball é um jogo muito praticado nos Estados Unidos. Inclusive há um filme sobre este jogo em meados de 2004 – *Dodgeball: A True Underdog Story* (*Com a bola toda*). No Brasil , as regras adotadas são parecidas com as do *prisonball* americano, onde os jogadores eliminados ficam atrás da linha de fundo do campo da equipe adversária. Esta área nula no Brasil não tem um nome específico, com a mais popular sendo cemitério. Nos Estados Unidos, possui muitas denominações, dentre elas prisão, de onde vem o nome da variante: "*prisonball*".

O campo possui o formato retangular, sendo dividido ao meio, com uma área ao fundo denominada de "cadeia", "prisão", "cemitério", "campo dos queimados" ou até mesmo "barra". É comum aproveitar a marcação de quadras de voleibol para a prática do jogo de queimada.

Portanto, vamos ao que interessa e aplicar esses jogos aos brincantes, os quais você, caro leitor, irá desenvolver.

Repertório

Queimada nome

Cuidado! Este jogo irá causar uma certa poluição sonora, pois a gritaria irá "rolar solta", isto é sinônimo de sucesso da atividade.

Jogo de queimada individual, onde quem estiver com a bola não poderá sair correndo para queimar, e sim ficar parado para tentar queimar alguém. Delimita-se o espaço de acordo com o número de brincantes.

Assim que um jogador queimar um brincante, este deverá se posicionar fora do campo de jogo até chegar o momento de regresso ao jogo. Todos os jogadores queimados devem fazer a mesma ação sem sair do campo de jogo.

Darei nomes para ficar mais clara a explicação. Quando João queimar Maria, Maria sai do jogo e começa a falar alto para queimarem o João, pois a Maria só volta ao jogo quando João for queimado. Caso João tenha queimado a Maria, a Ana, o Gustavo, os três torcem para que queimem o João. Quando isso acontecer, simultaneamente voltam para o jogo Maria, Ana e Gustavo. E o João?

Este fica torcendo para quem o queimou seja queimado.

Queimada abelha-rainha

Delimita-se o campo de jogo, procurando colocar a mesma quantidade de brincantes nos dois times, dando um equilíbrio maior à atividade. Irei chamar de "cemitério" o espaço final da demarcação da quadra de voleibol. Caso não tenha esta linha onde será dado o jogo, há como fazer com corda, giz, barbante e outros materiais similares.

Cada equipe irá escolher um brincante para ser a "abelha-rainha" e comunicar apenas ao aplicador da atividade. Este deverá saber quem das duas equipes é a "abelha-rainha".

O objetivo é tentar descobrir quem é a abelha-rainha, queimando os adversários. A cada jogador queimado, este deverá se dirigir ao "cemitério" e de lá também queimar.

É um excelente jogo para lidar com lideranças e cooperação, pois a equipe pode criar uma maneira de defender a "abelha-rainha" e ao mesmo tempo de blasfemar.

Assim que a "abelha-rainha" for queimada, marca-se um ponto para a equipe que a queimou e inicia-se novamente com outro brincante nesta função.

Queimada carimbo ameba

Jogo de queimada individual. Quem estiver com a bola não deverá sair correndo ou andando para queimar. Assim que um brincante for queimado, este será carimbado e deverá sentar no local onde foi pego.

Para este jogador voltar à partida, ele pode fazê-lo através de dois momentos. O primeiro é pegar a bola sentado. Se a bola vier em sua direçaão, este pode pegá-la e retornar ao jogo. E o segundo momento é pegar a perna de outro brincante que estiver no jogo e falar a palavra AMEBA. Este deverá tomar o lugar de quem o pegou até que pegue uma bola ou pegue na perna de outro colega.

Dodgeball

Divide-se a quadra em dois campos. Neste jogo não há a área do cemitério. Coloca-se de 4 a 6 bolas no centro da quadra e todos os brincantes nas extremidades. Ao sinal, as equipes correm para capturar as bolas. O objetivo do jogo e queimar todos da equipe adversária. Assim que os brincantes forem queimados, deverão ficar ao lado do campo e em ordem de queimado, uma vez que retornam ao jogo.

Quando o time A queimar o brincante do time B, este deverá sair do jogo e esperar alguém do time B (seu time) queimar alguém do time A. Isto torna o jogo mais dinâmico.

Há a opção de quem pegar a bola no alto; quem jogou é queimado.

Queimada elemento surpresa

Divide-se em duas equipes e coloca-se um bambolê em cada campo de jogo, nos quais serão colocados brincantes do time oponente, chamando-os de elemento surpresa. Visualizando o campo fica assim: em um território da equipe azul há um bambolê da equipe vermelha. E no território da equipe vermelha há um bambolê da equipe azul.

Neste jogo usamos a estratégia de cemitério: a cada jogador queimado, este se dirige ao cemitério. O elemento surpresa é um jogador que também faz parte do jogo e recebe a bola de qualquer jogador de sua equipe. Este também possui o caráter de queimar o oponente.

Como variação, pode-se inserir mais bambolês, dificultando o jogo.

Queimada multiníveis

É um jogo de tempo. Usa-se a quadra de voleibol para se jogar este jogo. Duas equipes divididas. Um time é o ataque, que fica fora da quadra, e a defesa fica dentro da quadra. Vamos dividir a quadra em três áreas.

Primeira área será o lado esquerdo da quadra (linha do saque, a linha de 3m), onde ficarão todos os brincantes da defesa. Segunda área será o espaço onde ficarão as 2 linhas dos 3m. E a terceira área é o lado direito (linha dos 3m à linha de fundo da quadra).

Para facilitar o jogo, coloca-se 3 bolas de cores diferentes.

O objetivo é o time do ataque queimar e eliminar todos os brincantes do time de defesa. Mas estes têm 3 vidas.

Como já dito, todos os jogadores da defesa se posicionam em um lado da quadra; assim que for queimado pelo time do ataque, este jogador da defesa se dirige para o meio da quadra, onde fica a segunda área, a qual podemos chamar de segunda vida.

Nota-se que, para queimar na primeira área, somente poderá ser usada 1 bola da cor amarela, por exemplo. Quando for para a segunda área, só poderá ser queimado pela bola da cor verde.

Quando acontecer isso, o jogador de defesa vai para a terceira área, e também deve trocar a cor da bola para ser queimado. Assim que ocorrer isso, este jogador está eliminado da partida.

Dar-se-á um tempo para que todos sejam queimados. Vencerá o jogo aquele time que fizer isso em menos tempo.

 Assista a videoaula do autor!

Brincadeiras para bebês

Bruno Leandro Ribeiro da Cunha Accorsi

A brincadeira em sua essência remete-se a momentos de prazer e alegria para o brincante, sendo de suma importância para o desenvolvimento e aprendizado para quem o faz. A criança, quando pequena, tem por meio da brincadeira o seu momento de contato com o mundo, que o subjetiva e o ressignifica, dando a ele sentido para sua existência, e esse contexto não é diferente para o bebê.

O bebê, independentemente de sua fase de desenvolvimento, tem na brincadeira um meio de se desenvolver e de aprimorar suas condições motoras, cognitivas e sociais, e esses momentos de brincar fazem com que essas interações sejam a base para aprimorar seus movimentos e dar condições para que o mesmo aprenda e se relacione com o meio no qual está inserido, pois o bebê conhece o mundo através de seus sentidos (FRIEDMANN, 2012, p. 30).

Friedmann (2012) observa que o brincar diz respeito à ação lúdica, seja brincadeira ou jogo, com ou sem brinquedos ou outros materiais e objetos; assim, independentemente de como a brincadeira acontecerá, brincar é essencial para a criança, e seja de modo dirigido ou livre, toda ação de brincar representa um meio de desenvolvimento.

Silva e Araújo (2017) salientam que o brincar é uma das formas mais espontâneas e libertadoras do comportamento humano, e esse contexto espontâneo faz com que a brincadeira seja uma das mais eficazes formas de desenvolver o bebê, já que o ambiente lúdico ao qual o mesmo é exposto permite que suas curiosidades, anseios e novas descobertas ocorram com significado para sua ação.

Goldschmied e Jackson (2006) observam que brincar é o trabalho das crianças, e que a criança está bem-ocupada quando só brinca, e assim pode-se salientar o quão importante é a brincadeira para o universo da criança. Brincar é uma forma de se ocupar o tempo com algo que realmente lhe faz bem, pois nunca se viu uma criança triste quando brinca, e isso corrobora com a visão da importância da brincadeira para a vida infantil.

Accorsi et al. (2018) observam que desenvolver atividades que permitam estimular, sensibilizar, oportunizar diversos tipos de experiências significativas torna o aprender mais prazeroso e divertido, dado que o lúdico é relevante em qualquer processo que se utilize nessa faixa etária. Por fim, cabe ao educador e à escola referenciar as atividades em seu cotidiano como processo organizado na busca da aprendizagem significativa e ao estímulo da felicidade na infância. Na fase de 0 a 2 anos, a estimulação precoce visa contribuir para uma maior lapidação das potencialidades e habilidades motoras, promovendo a prevenção e minimização de distúrbios e atrasos motores e psicomotores, associados também a questões cognitivas, socioafetivas. Nessa construção global, a estimulação precoce pode ser utilizada como um recurso pedagógico de grande valia para o educador, fazendo assim com que a aquisição das habilidades motoras e o desenvolvimento global sejam dinâmicos e com percentuais de aprendizagem satisfatórios para cada fase de desenvolvimento.

As brincadeiras para bebês são atividades que potencializam suas ações, sejam elas em quais aspectos for, pois ao brincar as ações motoras são estimuladas e se aprimoram dentro de suas especificidades, como, por exemplo, quando uma criança segura uma bola, sua ação motora de pegar potencializa a ação para segurar a mamadeira, ou pegar uma chupeta. Ações cognitivas como encaixar uma peça, ou empilhar algo, permitem a orientação espaço-tempo e a ideia de organização, entre outras.

As interações sociais e relacionais entre pais e bebês nas brincadeiras também são de suma relevância para o desenvolvimento e crescimento, pois essas relações permitem à criança se socializar com o mundo ao redor e compreender seu papel e seu espaço na sociedade.

Fazer brincadeiras com os bebês requer ainda responsabilidade, tanto na seleção de materiais como no espaço ao qual o bebê estará inserido, e isso deve ser fator primordial para evitar acidentes e, principalmente, não haver outras formas de perigo ao bebê.

O bebê deve brincar em todo o tempo, e assim conhecer o mundo que o cerca, fazendo conexões e dando significado à sua aprendizagem, construindo sua identidade e se reconhecendo como ser social num mundo cheio de novas experiências a serem vividas; por isso, dar oportunidades ao bebê é a melhor forma de demonstrar amor e respeito. Brincar é um modelo de vida.

Repertório

Copo e cone

Objetivo: manipular 2 formas de objeto com diferentes diâmetros, explorando a capacidade de combinação e outras formas de uso como encaixe e empilhamento.

Entregar ao bebê os materiais e incentivá-lo a manipular de todas as formas possíveis, encaixando, empilhando, derrubando os materiais e estimulando o manuseio deles de forma livre.

Bola de papel e borracha

Objetivo: manipular 2 formas de objeto semelhantes, mas com texturas diferentes, explorando a capacidade sensorial do bebê.

Entregar às crianças os dois tipos de materiais e incentivá-la a manipular de modo livre tanto a bola de papel quanto a de borracha, jogando, lançando, rolando, acertando alvos, fazendo todos os movimentos possíveis com o material.

Quebra-cabeça

Objetivo: feito com caixa de leite e anexando fotos grandes e coloridas, estimula o bebê a identificar o desenho que se monta na união das peças.

O brinquedo deve ser entregue ao bebê, incentivando-o a encontrar as figuras para formar a imagem, mas também pode ser trabalhado o empilhar e o derrubar, motivando o bebê a explorar seus movimentos e coordenação.

Luz e sombra

Objetivo: estimular a visão e a atenção do bebê e os órgãos do sentido em relação a dia/noite, claro/escuro.

Em um ambiente com boa luminosidade e propensão à baixa luminosidade também, estimular as crianças a observarem os materiais (pode espalhar brinquedos no chão) com a luz natural ou artificial; sem eles perceberem, diminua a luminosidade do ambiente e, com uma lanterna, ilumine e escureça alguns pontos do ambiente, motivando os bebês a procurarem a luz da lanterna e brincarem com ela. Nessa atividade trabalha-se também as condições de medo em relação ao escuro.

Tacobol

Objetivo: estimular a força e a direção, coordenação motora fina (pegar), orientação espaço-tempo e estímulo óculo-manual.

Entregar à criança bolas coloridas, ou de tênis ou de borracha, e um taco (rolo de papel-toalha), e motivá-la a acertar a bola com o taco, em qualquer direção. Nessa atividade o importante é o movimento e não o acerto, por isso sempre motive a criança a continuar acertando a bola com o taco.

Gruda-gruda

Objetivo: estimular a força e a direção, coordenação motora fina (pegar), orientação espaço-tempo e estímulo óculo-manual e trabalho de cores.

Colocar um pneu cheio de bolinhas coloridas e fixar na parede uma fita adesiva (larga). A atividade consiste em motivar a criança a pegar a bolinha colorida no pneu e fixá-la na fita adesiva presa na parede, mantendo a bolinha grudada. Pode-se colocar diversas fitas em diversas alturas, motivando a criança a escolher onde quer colocar e explorando seus movimentos motores globais e finos.

Circuitão

Objetivo: estimular a mobilidade, orientação espaço-tempo e autonomia.

Nesta atividade, deve-se colocar um estrado de berço, pneu, caixa ou cesto com bolinhas coloridas e cadeiras. Monte um circuito com os pneus, o estrado de berço, as cadeiras junto com o estrado (passar embaixo) e, ao final, um cesto com as bolinhas e outro para colocar as bolinhas. Motive a criança a percorrer todo o circuito passando pelos pneus, andando sob o estrado, passando embaixo do estrado e pegando as bolinhas coloridas de um cesto e colocando em outro. A atividade pode ser refeita diversas vezes.

Circuitão II

Objetivo: estimular a mobilidade e a orientação espaço-tempo com altura, em quatro apoios e texturas.

Nesta atividade, devem-se colocar peças almofadadas (caixas), minhocão (túnel) e colchões. Monte o circuito fazendo um "S" onde a criança deverá entrar pelo minhocão, subir e descer as peças almofadadas e andar sobre os colchões, voltando ao minhocão e refazendo a atividade. Os diferentes tipos de altura e textura do solo irão explorar as ações motoras das crianças.

Varal de balão

Objetivo: estimular a mobilidade, o equilíbrio e a autonomia nas ações motoras individuais em diferentes solos.

Amarrar balões em um barbante e pendurá-lo a uma altura onde a criança consiga alcançar para pegar ou tocar. Motive-a a tentar pegar o balão ou tocar nele. Pode-se manipular o barbante incentivando a criança a explorar suas capacidades motoras e de equilíbrio.

Referências

ACCORSI, B.L.R.C. et al. *Manual de atividades para crianças pequenas.* São Paulo: Supimpa, 2018.

FRIEDMANN, A. *O brincar na Educação Infantil* – Observação, adequação e inclusão. São Paulo: Moderna, 2012.

GOLDSCHMIED, E. & JACKSON, S. *Educação de 0 a 3 anos* – O atendimento em creche. 2. ed. Porto Alegre: Grupo A, 2006.

SILVA, T.A.C. & ARAÚJO, C.S. *Bora brincar* – Um convite à brincadeira. São Paulo: All Print, 2017.

 Assista a videoaula do autor!

Brincadeiras para os pequenos

Bruno Leandro Ribeiro da Cunha Accorsi

A Educação Infantil, primeira etapa da Educação Básica, é a fase onde o jogo e a brincadeira estão inseridos no cotidiano da criança de modo didático e programado, dada as aulas de Educação Física, Psicomotricidade e Movimento nas diversas formas de ensino regular ou particular.

Trabalhar jogos e brincadeiras com os pequenos é permitir o acesso a diferentes formas de vivências e exploração das ações motoras dentro do universo lúdico, essencial para a aprendizagem e o desenvolvimento, mas todo o processo deve ter um embasamento quanto à sua finalidade e, principalmente, quanto à necessidade que cada criança tem, dentro de suas possibilidades.

Atividades como jogos de perseguição, brincadeiras de roda, circuitos motores, atividades psicomotoras, brincadeiras de faz de conta, brinquedos de raciocínio lógico, entre outros, são meios para estimular, desenvolver, potencializar e ampliar as capacidades da criança dentro de suas limitações, sempre visualizando a criança como um todo e respeitando o seu tempo de aprendizagem.

Silva e Araújo (2017) salientam que é importante buscar o prazer da criança durante o processo de ensino-aprendizagem para que o desenvolvimento aconteça de forma eficiente; assim, o prazer do brincar deve promover na criança meios para que a mesma se desenvolva, pois brincando a criança se torna autônoma, o que é essencial para o processo de aprendizagem da mesma.

Accorsi et al. (2018) observam que as crianças pequenas estão nas escolas e em espaços educativos, sendo estes essenciais para o estímulo e desenvolvimento delas. Portanto, trata-se de uma grande responsabilidade de todos – poder público, privado e toda a comunidade escolar. Assim, tem-se como conteúdos nessa fase a coordenação motora ampla, a coordenação motora fina, a discriminação auditiva e visual, a expressão oral como contar estórias, cantar músicas, contos, teatro, ou o estudo do nome próprio, a apresentação das vogais, o reconhecimento, discriminação e contagem dos numerais de 1 até 10, o reproduzir sequências e seriações, o desenvolver a capacidade de situar cronologicamente os fatos para organizar seu tempo e suas ações, orientando-se também no espaço, com o desenvolvimento da lateralidade, a introdução do raciocínio lógico e suas estruturas, a estimulação do conhecimento da história brasileira, por meio das datas comemorativas, o desenvolvimento da socialização, o desenvolvimento da noção de hoje, ontem, amanhã, bem como dia e noite, o identificar, nomear e reconhecer a família e sua importância, a estimulação do meio ambiente, o desenvolvimento da capacidade de auto-higiene corporal, localizando e nomeando as partes do corpo, a estimulação dos cinco sentidos e os desenhos livres.

Vale ressaltar que, na fase pré-escolar, as crianças devem ser desafiadas em suas potencialidades, para que aumentem suas capacidades e se desenvolvam com ações motoras satisfatórias para o seu cotidiano. Explorar as potencialidades motoras da criança, desafiando-a em situações nas quais ela precisa solucionar problemas por si só, transpor obstáculos, refazer caminhos ou achar soluções para suas ações é de suma importância para o processo ensino-aprendizagem e desenvolvimento dela.

Uma dica importante é trabalhar junto com as ações motoras reflexões sobre socialização, como: esperar a vez, respeitar o próximo durante a atividade, participar de jogos e brincadeiras em grupos, o que aumentará ainda mais o potencial social da criança.

A criança nessa fase precisa vivenciar o mundo por meio de suas ações, e os jogos e brincadeiras possibilitam essa vivência de modo lúdico, prazeroso e inesquecível.

Repertório

Bola no pneu

Objetivo: trabalho de força e direção com estimulação de orientação espaço-tempo e alvo.

Com um pneu, um taco de madeira e uma bola, estipular uma distância entre o pneu e o taco, colocando a criança atrás do taco e pedir para que ela arremesse a bola dentro do pneu. Motive-a a controlar sua força e a observar a direção. Desenvolva a atividade diversas vezes para trabalhar as habilidades de força e direção da criança. Como sugestões pode-se aumentar a distância, conforme a criança for adquirindo a habilidade no acerto.

Pista de carrinho

Objetivo: trabalho de equilíbrio em deslocamento e orientação espacial.

Com uma corda e um carrinho de brinquedo, é possível desenvolver o equilíbrio e a lateralidade da criança. Faça um caracol com a corda e peça a criança que em pé, empurrando o carrinho, vá até o centro do caracol e retorne. O trabalho de equilíbrio nessa atividade é constante e de suma importância para o desenvolvimento.

Caçapa

Objetivo: trabalho de direção e força com/sem visão de alvo.

Numa mesa com copos de plástico e bolinhas coloridas, ou no chão com bambolês e bola de borracha, essa atividade estimula o controle de força e direção das crianças. Se for feita na mesa, coloque a criança em uma extremidade e fixe os copos na outra, sem que a criança tenha visibilidade deles; em seguida, peça para que ela role a bolinha sobre a mesa tentando acertar o copo que está do outro lado. Se for feita no chão, coloque os bambolês a uma distância considerável da criança e peça para ela rolar a bola e acertar o bambolê, fazendo com que a bola permaneça dentro dele. A motivação é muito importante nessa atividade, principalmente na orientação em relação a força e direção.

Circuito multiações

Objetivo: estimular o deslocamento em várias posições, tendo desafios motores para os pequenos.

Utilizando minhocão (túnel), peças almofadadas (caixas), escorregador, colchonetes e bambolês, monta-se um circuito contínuo (em círculo), e motiva-se as crianças a se locomoverem sobre o circuito, explorando suas capacidades motoras em diversas posições, fazendo multiações durante o trajeto e potencializando a ação motora.

Arco-encaixa

Objetivo: estimular a coordenação motora fina (pinça) e o trabalho de força e precisão.

Com uma corda presa a uma altura onde as crianças consigam alcançar, pendura-se um bambolê onde elas irão fixar prendedores de roupa ou peças de encaixe (tipo flor), trabalhando a pinça. É importante deixar as crianças livres quanto a onde fixar os materiais.

Olha o monte

Objetivo: trabalho de raciocínio lógico-matemático com estímulo para seleção, identificação de cores, sequência, entre outros.

Com um kit alfanumérico colorido, motivar as crianças a fazer seleção de cores ou letras e números (que elas já identifiquem), fazendo montes entre seus pares. É uma atividade na qual se trabalham os conceitos lógico-matemáticos.

Raquete

Objetivo: estimulação óculo-manual com precisão de força e direção e orientação espaço-tempo.

Com uma raquete (prato plástico com um palito fixado como haste) e uma bexiga, motiva-se a criança a não deixar a bexiga cair no chão, rebatendo-a no ar.

Embaixo-escorrega

Objetivo: estimular o equilíbrio em quatro apoios e o equilíbrio dinâmico no escorregar, e a interação em grupo.

Um circuito simples montado com cones, bambolês e escorregador, onde se estimula a criança a passar embaixo dos cones com bambolês e escorregar, refazendo o circuito diversas vezes.

Corrida da tartaruga

Objetivo: estimulação e equilíbrio dinâmico em quatro apoios com controle corporal.

Utilizando almofadas, instrui-se as crianças a ficar em posição de quatro apoios, onde ela deve percorrer um determinado trajeto, com a almofada sobre as costas, sem deixá-la cair. Em caso da queda da almofada, recolocá-la sobre a criança para que continue o trajeto. A atividade pode ser realizada com várias crianças ao mesmo tempo.

Circuitos de equilíbrio

Objetivo: estimular a mobilidade e a orientação espaço-tempo com equilíbrio em diversas posições.

Utilizando cordas, bambolês, tacos de madeira, cones e cadeiras, montar um circuito contínuo (em círculo), onde a criança percorra-o explorando suas capacidades motoras e seu equilíbrio durante o trajeto. É importante que as estações sejam desafiadoras à criança, o que deve ser avaliado pelo profissional durante a montagem. Não se esqueça da segurança, para não haver acidentes com a criança.

Referências

ACCORSI, B.L.R.C. et al. *Manual de atividades para crianças pequenas*. São Paulo: Supimpa, 2018.

SILVA, T.A.C. & ARAÚJO, C.S. *Bora brincar* – Um convite à brincadeira. São Paulo: All Print, 2017.

Assista a videoaula do autor!

Grandes jogos

Taísa Gargantini Pace

Jogo é um termo do latim "jocus", que significa brincadeira, divertimento.

Jogos são atividades estruturadas, praticadas com fins recreativos e, em alguns casos, fazem parte de instrumentos educacionais, onde são usados para passar mensagens subliminares aos jogadores. Jogos geralmente envolvem vários tipos de estímulo, podendo ser entre os principais os físicos e mentais, e muitas vezes ambos. Muitos deles ajudam a desenvolver habilidades escondidas, servindo como uma ferramenta de exercício e auxiliando muito na realização do papel educativo.

Os designados *grandes jogos* seriam uma definição usada por alguns autores para classificar jogos com algumas características específicas. Podemos dizer que o jogo é a atividade praticada em grupo ou individualmente, a partir de regras predeterminadas, com um ou mais objetivos, agregando várias pessoas com valores positivos que ensinam a pensar e tomar decisões. O jogo é prazeroso e divertido e, ainda que não se manifestem sinais físicos de alegria, sempre é considerado positivo para quem o pratica.

O tema jogo, e em especial o lúdico juntamente com o movimento, caminham unidos e atrelados, exercitando o lado social, afetivo, mágico e estratégico do desenvolvimento global do ser humano.

Falar de jogos é ao mesmo tempo complicado e prazeroso. É ser líder e ter que comandar em alguns momentos, e ao mesmo tempo ser subordinado e obedecer e fazer valer as regras. Significa vivenciar o lugar social de quem vive sob a magnitude do jogar. Vantagens que aportam os jogos:

- Afetividade, socialização e integração das crianças
- Parceira, comunicação, coerência
- Agregar um número maior de participantes
- Obtenção de confiança em si mesmo
- Conseguir empatia com os outros
- Induzir o desenvolvimento de percepções com os demais
- Associação de ideias, estruturação e emoções
- Ser uma forma de entretenimento
- Permitir compreender os sentidos da expectativa e tolerância
- Possibilitar a reinvenção do jogo
- Variações e flexibilidade de mudanças de regras

Os jogos podem ser:

- Pequenos jogos: a duração pode ser curta, as regras são fáceis e flexíveis, combinadas previamente. Não exigem preparação técnica e o número de participantes é variável e adaptável. A atuação do professor é como um mediador ou facilitador.

- Grandes jogos: a duração média é acima de 10 minutos. Exige mais tempo de explicação e preparação. As regras são preestabelecidas e mais complexas, indicadas para um grupo de crianças maiores (a partir dos 9 anos). Para um melhor entendimento, mas isso não é uma regra engessada, existem crianças menores que são capazes de participar de jogos com regras complexas com muita desenvoltura.

De acordo com Kishimoto (2005), as crianças que jogam ficam mais motivadas a usar a inteligência, pois querem jogar bem; sendo assim, esforçam-se para superar obstáculos, tanto cognitivos quanto emocionais. Estando mais motivadas durante o jogo, ficam também mais ativas mentalmente.

De acordo com Rosado et al. (2009), os grandes jogos são mais propícios às faixas etárias mais elevadas.

Podemos observar que todas as definições têm algumas características em comum. Silva e Gonçalves (2010) elencaram estas características para nós. Aqui temos algumas delas:

Pequenos jogos	Grandes jogos
Pouca movimentação.	Muita movimentação, geralmente.
Pouca complexidade na sua formação.	Alta complexidade das regras.
Poucas regras, simples e flexíveis.	Grande quantidade de regras.
Cobrança não tão rígida das regras.	Cumprimento obrigatório das regras.
Podem ter poucos jogadores na sua realização.	Possibilidades de participação de maior número de jogadores.
Realizados em espaços restritos.	Realizados em espaços amplos.

Claramente, nem todas as características vão se aplicar a todos os jogos, por exemplo: um jogo de pingue-pongue requer pouco espaço, porém há muitas regras, todas estabelecidas e um tanto complexas. Já uma queimada simples tem poucas regras, mas precisa de um espaço maior e pode ser considerada um jogo médio devido à sua baixa complexidade. Outro exemplo seria uma gincana. Esta faz com que a elenquemos como grande, mas as partes que a formam são de pequena a média complexidade, sendo o conjunto da obra que a faz grande no todo, e são os tipos de regras e aplicações das metodologias dessas atividades que podem influenciar o resultado do jogo.

Portanto, independentemente do tipo de jogo, o importante é jogá-lo!

Repertório

O resgate (variação do pique-bandeira)

Material: 4 coletes (2 de cada cor da equipe), 6 bolas (3 da cor de cada equipe), cones para suporte das bolinhas (ou 3 bandeiras de TNT da cor das equipes).

Duas equipes em números aproximadamente iguais. Coloca-se 3 bandeiras ou 3 bolas (sobre um cone) com as cores referentes à equipe, dispostas separadamente na parte de trás da equipe adversária (no pique). O professor/mediador deve orientar os alunos sobre o ataque, a defesa, a proteção e os limites do meio de campo para que o jogo possa ser jogado sem a quebra das regras.

Ao sinal do professor, os alunos devem pensar/criar estratégias para buscar a bandeira ou bola que está presa na equipe adversária. Se algum aluno conseguir atravessar, sem ser pego, está protegido na zona do pique, e deverá criar também outra estratégia para voltar com o objeto sem ser pego; caso seja pego, o objeto volta para o lugar anterior, e este aluno senta onde foi tocado, podendo ser salvo por algum integrante da sua equipe. Se algum aluno conseguir passar com a bandeira ou a bola, deverá entregar para o professor, e vestir o colete. Esse aluno não poderá passar novamente, pois já conseguiu contribuir com a sua equipe, ficando agora na defesa e marcação, impedindo assim que sua equipe seja invadida. Vence a equipe que conseguir passar os 3 objetos primeiro.

É um jogo de muita cooperação, atenção e agilidade, pois se trabalha no erro do adversário.

Obs.: Caso o número de crianças seja ímpar, pode-se colocar um aluno como "coringa", isto é, ora ele joga em uma equipe, ora em outra, quando acaba-se a rodada.

Queimada pontuada

Material: 2 bolas de vôlei, garrafas pets, cones e bolinhas de borracha, lápis, papel ou giz.

Duas equipes em números aproximadamente iguais. As equipes deverão estar preparadas para uma queimada de dois campos, porém, o objetivo é acertar os alvos que forem propostos pelo professor, ou pelos próprios alunos antes do jogo. Por exemplo: acertar e derrubar a garrafa pet, ou cone com a bolinha em cima, a equipe marca 2 pontos; acertar o gol, 1 ponto. Acertar a trave, ou travessão, 3 pontos. Acertar a tabela de basquete, 4 pontos. Acertar o aro do basquete, 5 pontos. Acertar a cesta, 7 pontos. Pode-se também colocar um aluno como coringa para ser queimado, em cada time; esse aluno valerá 10 pontos, mas não sairá do jogo, caso seja queimado. Lembrando: alvos fáceis, menos pontos; alvos difíceis valem mais pontos. Isso estimula o jogo a ser mais dinâmico e aumenta a colaboração e atenção dos alunos. Os alunos podem e devem proteger seus alvos, montando estratégias de proteção. Podem defender a linha limite que separa os campos de bons lançadores, evitando assim que acertem o gol, ou a tabela etc.

A marcação dos pontos deverá ser feita em um lugar acessível aos alunos, onde eles também possam ajudar o professor a marcar os pontos feitos pela equipe.

Obs.: Esse jogo necessita de muita cooperação da equipe para marcar e assim pontuar; mesmo sendo um jogo com um grau de competição alto, a equipe só avançará no placar com a cooperação de todos.

Jogo do canguru

Duas equipes em números aproximadamente iguais.

As equipes começam em fila lateral, ou seja, um do lado do outro, na linha do gol. As equipes ficam de frente uma para a outra, de lados opostos, e de preferência espalhadas por essa linha. Batizamos cada equipe de A e B.

Vamos imaginar que estamos em um tabuleiro; cada aluno é uma peça do jogo, porém, ao comando do professor, cada aluno deverá fazer sua jogada, tendo como opção: 3 saltos para frente, ou 3 saltos no lugar, ou 3 saltos para direita ou esquerda, mas nunca para trás e sem mudar de direção; por exemplo: se começou para frente, e se arrependeu, pode fazer o que resta no lugar. A jogada é obrigatória. Os alunos usarão os saltos, com as pernas unidas, como cangurus, para se deslocar, avançar ou manter-se no lugar.

Ao comando do professor, a equipe A faz as devidas jogadas. Todos devem fazer, montando a estratégia mental para não prejudicar sua equipe; logo após o último aluno ter jogado, é a vez da equipe B, e assim sucessivamente. O centro do campo ou da quadra é batizado como "zona de conflito", pois é onde as jogadas começam a acontecer. Quando um aluno salta três vezes e consegue tocar no aluno da equipe adversária, o que foi tocado é eliminado do jogo, e, o que tocou, ganha mais 3 saltos. Às vezes um único aluno consegue eliminar um time todo, caso esse time esteja muito próximo uns dos outros. Cada aluno eliminado dá direito ao que eliminou mais 3 saltos, porém os saltos não são cumulativos. Existe uma jogada importante que se chama "jogada do sacrifício", que é quando o aluno executou seus 3 saltos e não conseguiu alcançar o adversário. Ele, mantendo os pés no chão, tem direito de deitar-se, esticar o braço para tentar tocar no pé do outro jogador; caso consiga, elimina o adversário. Caso não tenha êxito, na próxima jogada esse jogador será eliminado pelo oponente. É um jogo de muita estratégia, onde uma jogada errada de qualquer aluno elimina o time todo.

Maré encheu + Jokempô 2

Maré encheu é uma brincadeira executada com comandos numéricos dados pelo professor/mediador. É uma brincadeira que geralmente, quando o professor fala um número, formam-se turmas equivalentes ao número e a(s) criança(s) que sobra(ram) acaba(m) saindo da brincadeira. Para que isso não acontecesse, adaptei o jogo para que o mínimo de crianças ficasse sem brincar, usando o *Jokempô*.

As crianças estarão dispostas em roda, de mãos dadas. Após o comando do professor, os alunos respondem:

Professor: "Maré encheu..."

Alunos: Chuáá... (fecham o círculo),

Professor: "Maré baixou"...

Alunos: Chuáá... (abrem o círculo),

Professor: "Bateu em uma pedra..."

Alunos: Chuáá... (De mãos dadas, giram para a direita),

Professor: "E o navio afundou..."

Alunos: Chuáá... (De mãos dadas, giram para a esquerda e abaixam),

Professor: "Sobraram... 7 marinheiros..."

Rapidamente os alunos formam grupos referentes ao número que o professor citou. Aqueles alunos que sobraram têm a chance de voltar para o círculo jogando *Jokempô*. Quem for ganhando volta para o círculo, os que forem perdendo vão jogando até sobrarem dois. Esses dois jogam, e quem perde senta e espera uma rodada para voltar. A intenção é que sobre apenas um fora do círculo, dando chance de troca constante dos alunos brincantes.

Cabeça ou bola / Bumbum ou bola

Material: bolas de diversas cores, formas e tamanhos, e uma especial para ser o alvo central, coletes de duas cores.

Duas equipes em números aproximadamente iguais, cada equipe responsável pelo contorno retangular, em forma de U da quadra de vôlei. Na linha central ficarão os ponteiros, identificados com coletes da cor da equipe.

O professor colocará a bola-alvo no centro da quadra, e distribuirá várias bolas entre as equipes. Os alunos lançarão as bolas para acertar a bola-alvo e tentar empurrá-la para fora do retângulo da equipe adversária. Os alunos só poderão defender a saída da bola-alvo com outra bola, ou com a cabeça. (Em determinados jogos, dependendo do tipo de quadra, ou se o aluno usar óculos, pode-se usar o bumbum, sentando-se de costas para a bola, para impedir a saída, porém essa regra deverá ser combinada antes com os alunos.) Caso a equipe consiga empurrar a bola-alvo para fora da equipe adversária, marcará um ponto. A bola-alvo sempre voltará ao centro do campo para novo reinício. O jogo continua até o interesse dos alunos, ou até um determinado placar.

Pingoball

Material: bolas de borracha, bambolês, giz ou fita crepe.

O jogo pode ter de dois a cinco jogadores, dependendo do tamanho do bambolê, do círculo riscado no chão, ou da proposta do professor perante os alunos. Particularmente, eu prefiro jogar com três alunos.

O educador deverá enumerar os jogadores em sequência numérica, de 1 a 5, por exemplo. Mantendo sempre essa sequência ao jogar. As regras são simples e poderão ser adaptadas à proposta da aula.

O jogo consiste em utilizar as duas mãos para pingar a bola dentro do círculo ou espaço demarcado para fazer a jogada. Os pontos são contados individualmente, e marcados quando, em sequência numérica, o jogador "pingar" a bola e o próximo não conseguir pegar. Só vale "pingar" a bolinha na área de jogo usando as duas mãos. Marcado o ponto, a bola começa com o aluno da sequência. Quando um jogador, por lapso, pingar a bolinha fora da área de jogo, automaticamente os outros jogadores recebem um ponto cada. Se algum aluno pegar a bola fora da sequência, levará uma advertência por atrapalhar a jogada. Outras advertências poderão acontecer, por exemplo: não pode pisar dentro da área de jogo, caso ocorra, tendo 3 advertências, ficará fora do jogo por 5 minutos. A pontuação ou advertência pode variar pelas faixas etárias. A duração do jogo poderá ser marcada por tempo, ou por número de pontos.

Referências

CAVALLARI, V.R. & ZACHARIAS, V. *Trabalhando com recreação*. São Paulo: Ícone, 2005.

KISHIMOTO, T.M. (org.). *Jogo, brinquedo, brincadeira e educação*. 8. ed. São Paulo: Cortez, 2005.

ROSADO, D.G.; KOWALSKI, M.; MOREIRA, N.C.L. & SOUZA, D.A. Recreação e lazer – Relações com a Educação Física. *Argumentandum* – Revista Eletrônica das Faculdades Sudamérica, vol. 1, 2009.

SILVA, T.A.C. & GONÇALVES, K.G.F. *Manual do lazer e recreação* – O mundo lúdico ao alcance de todos. São Paulo: Phorte, 2010.

 Assista a videoaula do autor!

Jogos matemáticos

Fernando José Casati dos Santos

Por muitas vezes a Matemática é vista como uma disciplina apenas teórica, maçante e fechada na sala de aula, o que causa uma antipatia na maioria dos alunos por parecer algo difícil e distante de aprender. O professor, buscando alterar essa realidade, deve buscar métodos diferentes para tornar sua aula mais dinâmica e estimulante.

A utilização de jogos na escola não é algo novo, porém é estratégia pouco usada por professores no ensino. Hoje percebe-se que na maioria das escolas os professores não trabalham com materiais concretos no ensino de matemática, e suas técnicas de ensino são basicamente explicação do conteúdo como está no livro e exercícios para fixação.

Os jogos matemáticos promovem o envolvimento da criança com mais facilidade e a estimulam a compartilhar o que sabe com os demais alunos. Assim, seja uma atividade de cooperação ou de competição, haverá o relacionamento com o outro e o compartilhamento do saber. A relação com as outras crianças faz desenvolver potencialidades nunca realizadas, afeta as emoções e testa os limites das aptidões. Ao brincar e jogar, a criança tem a oportunidade de desenvolver capacidades como atenção, afetividade, maior tempo de concentração e outras habilidades motoras. Essas capacidades citadas são indispensáveis para seu desenvolvimento integral. Assim sendo, o ensino da matemática por meio da utilização de jogos deve priorizar o conhecimento dos alunos, de forma que os jogos auxiliem o conteúdo abordado pelo professor.

Barbosa (2009) e Guzmán (1986) são autores que se dedicaram ao estudo da importância dos *jogos matemáticos* no contexto da aprendizagem. Barbosa (2009) acredita que se possa propor situações em que a criança possa brincar com a matemática de forma séria, observando regularidades, registrando processos e resultados e matematizando situações, mas sem perder a ludicidade e o prazer em aprender matemática. Guzmán (1986) valoriza a utilização dos jogos para o ensino da matemática sobretudo porque eles não apenas divertem, mas também extraem das atividades materiais suficientes para gerar conhecimento, interessar e fazer com que os estudantes pensem com certa motivação.

Repertório

Ábaco humano

Um aluno deverá correr até um saquinho com números e pegar um papel, dizendo ao restante da turma o número sorteado. Em seguida a turma, de forma cooperativa, deverá posicionar no ábaco gigante o número sorteado pelo colega. Logo, outro aluno deverá correr até o saquinho e sortear outro número, e assim os alunos deverão somar e representar o resultado no ábaco gigante.

Obs.: o jogo pode variar com apenas o professor dizendo o número para os alunos representarem no ábaco gigante.

Ábaco ganha 100

A turma será dividida em duas equipes. Dois alunos se enfrentam no "par ou ímpar" para decidir qual equipe começa a jogar o dado primeiro. Cada vez que o dado é lançado, a equipe vai somando os pontos no seu ábaco gigante, representando assim o valor dos pontos de acordo com a regra do ábaco tradicional. A equipe que somar 100 pontos primeiro vence, ou seja, chegando à casa da centena (os pontos no ábaco podem ser representados por garrafas pet, cones de linha de costura, de acordo com a realidade de cada lugar).

Obs.: o ábaco gigante utilizado nas duas atividades pode ser feito com 3 arcos, e dentro de cada um deverão ser escritas as siglas de unidade (U), dezena (D) e centena (C).

Jogo das frações

A turma será dividida em equipes, o professor sorteará uma fração e os alunos poderão utilizar tudo que tem no ambiente para representar a fração sorteada.

Exemplo: O professor sorteia "Um quarto" e na sala tem 4 janelas e os alunos fecham 3 e deixam 1 aberta. A equipe que representar corretamente ganha 1 ponto.

Obs.: o professor pode disponibilizar para os alunos materiais como: corda, cones, arcos, bolas, entre outros. Além disso, podem ser usados também materiais de todo tipo, inclusive os que se encontram no próprio ambiente onde está sendo realizado o jogo.

Nunca dez

Neste jogo, o professor formará grupos de 4 alunos e entregará para os grupos tampinhas vermelhas e tampinhas amarelas, as quais representam unidade e dezena, respectivamente.

Cada aluno deverá jogar o dado na sua vez e ir somando as unidades. Sempre que completar uma dezena, o aluno deverá trocar 10 unidades por uma dezena, ou seja, trocar 10 tampinhas de uma cor por uma tampinha da cor que representa a dezena. Vence o jogo quem somar a quantidade de dezenas que o professor estipular.

Corrida do antecessor/sucessor

Os alunos serão numerados e estarão em fila, o professor falará um número e o antecessor e o sucessor deverão correr apostando corrida até a linha demarcada (ex.: n. 8; 7 e 9 deverão correr).

Corrida das operações

Materiais para confeccionar a caixa: tampa da caixa de folha sulfite (papelão), EVA, gargalos de garrafa pet e velcro ou fita adesiva.

A turma será dividida em duas equipes, que formarão duas filas, numa distância de uns 10m das caixas contendo tampinhas com as operações. Ao comando do professor, o primeiro aluno de cada fila deverá correr até a caixa da sua equipe e colocar a tampinha na sua respectiva operação. A equipe que terminar as operações primeiro com as respostas corretas ganha ponto.

Corrida da tabuada

A turma será dividida em duas equipes, que ficarão dispostas em filas. Em uma distância determinada pelo professor, ficarão 2 mesas com as caixinhas de tabuada. O primeiro aluno de cada fila deverá correr até a mesa e encaixar as duas partes da caixa de fósforos (uma com a operação "7 x 0" e outra parte com o resultado "0"), e voltar para fila tocando na mão do próximo, que irá até a mesa e resolverá a próxima operação da tabuada. O jogo segue até que todos participem. A equipe que terminar primeiro ganha 3 pontos. Em seguida, o professor deverá conferir se todas as operações estão corretas; a cada erro, a equipe perde 1 ponto.

Obs.: as peças do jogo podem ser confeccionadas com caixinhas de fósforos.

Seu Pitágoras

Os alunos enumerados deverão andar espalhados pelo espaço e o professor falará: "Seu Pitágoras mandou", e os alunos perguntarão: "O quê?" O professor dará os comandos para os alunos realizarem:

- ficar na sequência numérica;
- formar grupos pares/ímpares;
- ficar em ordem crescente;
- ficar em ordem decrescente;
- em grupos de três alunos, formar uma operação (ex.: 2, 5 e 7, no caso 2 + 5 = 7).

Obs.: os comandos deverão ser de acordo com a idade da sua turma.

Referências

BARBOSA, R.M. *Conexões e educação matemática* – Brincadeiras, explorações e ações. Belo Horizonte: Autêntica, 2009.

GUZMÁN, M. *Contos com contas*. Lisboa: Gradiva, 1986.

Assista a videoaula do autor!

https://youtu.be/nJV6h7ngc44

Brincadeiras cantadas

Rodrigo Lucas (Tio Rodrigo)

Brincar é importante para qualquer criança e adulto se constituírem enquanto sujeitos. Nesse universo mágico é possível desenvolver diversas atividades educativas para que crianças e adultos aprendam de forma prazerosa e despretensiosa.

Dessa forma as *brincadeiras cantadas* são um excelente recurso lúdico para professores, recreadores, pais, mães, músicos e outros profissionais de educação e lazer. Também são chamadas de "brinquedos cantados", pela sua essência no brincar com o corpo, a voz e principalmente a música, podendo ou não ter o auxílio de instrumentos musicais, mas se baseando principalmente pelo uso da voz.

Interessante também é que elas não se definem em movimentos certos ou errados nem em formas padronizadas do cantar ou do brincar, como nas cantigas de roda, cirandas e cirandinhas. Por serem manifestações contemporâneas, estão sempre em processo de modificação para trazer à tona a realidade e interesses atuais. Muitas delas inclusive trazem letras curtas acompanhadas de repetições rítmicas, com poucas ou quase nenhuma alteração, o que torna ainda mais fácil o aprendizado e entendimento. Em outros casos, são criados movimentos a partir de uma canção já existente.

Podemos citar como um exemplo clássico o "Tchutchuê", em que o desenvolvimento da brincadeira se dá em repetir tudo que é pedido, adicionando a cada repetição um novo gesto: "polegar pra frente, cotovelo pra trás, perna dobrada", e assim por diante, havendo sempre uma quebra no refrão: "tchutchuê, tchutchuê é uma dança tropical, tchutchuê, tchutchuê é uma dança bem legal..."

Para Vygotsky (1984), o brincar é essencial para a "zona de desenvolvimento proximal", ou seja, a relação do que a criança ainda está aprendendo (conhecimento potencial) ao que ela já sabe fazer (conhecimento real). Nesse processo, a música traz uma grande contribuição para despertar a criatividade, a imaginação e a sensibilidade por meio dos estímulos corporais e do cantar. Nas crianças, as BCs buscam explorar a capacidade de memorização, desenvolvimento rítmico, lateralidade, equilíbrio, percepção visual, noção de espaço, concentração e agilidade, dentre outros benefícios; já nos adultos podem ser utilizadas para momentos de descontração, "quebrar o gelo", socialização, sensibilização, cooperação e integração. A seguir, apresento seis brincadeiras cantadas adaptadas por mim, além do auxílio da cifra para você que é músico poder acompanhar. Vamos à prática?

Repertório

Para aprender a melodia e a coreografia, acione os QRs Code.

A bicharada

Domínio público – Adaptação: Tio Rodrigo

Intro: E A (2x)
E   A
Lá vem o crocodilo, orangotango,
E   A
As duas serpentinhas, a águia real,
E   A
O gato, o rato, não faltou ninguém,
E   A
Só não se viam os dois pequinês.

Nota criativa: Você também pode criar os seus próprios movimentos ou sugerir que as crianças ou adultos criem com você!

Tomatinho e as frutas

Domínio público – Adaptação: Tio Rodrigo

Intro: D A G A / D A G A D
    D   A G A
Tomatinho vermelho pela estrada rolou (rolou)
  D   AG A D
Um grande caminhão veio e o tomatinho esmagou (pow)
G D G   D
Pobre do tomatinho, coitado do tomatinho
      D A G
Tomatinho vermelho
     G A D
Catchup virou... (4x) Oh Oh...
Mas nessa estrada também existia um...

Alternâncias na letra:

- Moranguinho vermelho (vira danoninho)
- Bananinha amarela (vira vitamina)
- Limãozinho verdinho (vira limonada)
- Maçãzinha vermelha (vira tortinha)
- Melancia verdinha (vira saladinha)

Nota criativa: Você também pode criar os seus próprios movimentos para as mesmas frutas ou sugerir que as crianças ou adultos criem com você!

Capivara

Música e letra: Tio Rodrigo

```
                Intro: E A E B / E A E B E
                E      A    E      B
                Uma capivara come de montão
                              E                A
                Com seus dentes tão longos
                E    B     E
                E sua cor marrom
                      G#m                      A              E
                Será que alguém sabe dizer onde é que vive a capivara?
                G#m              A       E
                Será no mato, na floresta ou na margem dos rios?
                G#m              A       E
                Tenho certeza que você vai se surpreender
                G#mF#  AE
                Ao saber que ela nada tão rápido quanto um peixinho

                (Refrão)
                Será que alguém sabe dizer o que é que come a capivara?
                Será que frutas, capim ou até mesmo algas?
                Aqui em Recife tem várias no Rio Capibaribe
                Que por sinal tem esse nome em sua homenagem
                (Refrão)
```

Agora que você conhece um pouco sobre a capivara,
Não polua os rios nem os mangues, o habitat dela.
Faça sua parte e preserve a natureza.
As suas amigas capivaras muito agradecem.

Quando eu digo sim

Domínio público – Adaptação: Tio Rodrigo

Intro: A AA E A D A E A
A   E   A
Quando eu digo SIM (3x) você vai dizer NÃO
D   A E A
E quando eu digo NÃO, você vai dizer SIM
A   E   A
SIM, SIM, SIM... (NÃO, NÃO, NÃO)
D   A E A
NÃO, NÃO, NÃO... SIM, SIM, SIM
A   E   A
SIM, NÃO, SIM... NÃO, SIM, NÃO
D A E A
NÃO, SIM, NÃO... SIM, NÃO, SIM

Alternâncias na letra:

• Quando eu digo ALTO / Você vai dizer BAIXO

• Quando eu digo BRANCO / Você vai dizer PRETO

• Quando eu digo DIA / Você vai dizer NOITE

• Quando eu digo PAPAI / Você vai dizer MAMÃE

• Quando eu digo PROFESSORA / Você vai dizer ALUNO

Esta brincadeira também é conhecida como "jogo do contrário" e por si só já estimula o aprendizado dos antônimos. Enquanto uma pessoa afirma um contrário, a outra responde com outro, e assim por diante.

A Ram Sam Sam

Domínio público – Adaptação: Tio Rodrigo

```
                A
                A ram sam sam, a ram sam
                        E               A           2x
                Guli, guli, guli, guli, a ram sam
                D       A E             A
                Auêeh, Auê, guli, guli, guli, guli, a ram sam
                D       A       E           A
                Auêeh, Auê, guli, guli, guli, guli, a ram sam
```

Nota criativa: Você pode fazer esta atividade adaptando os movimentos de cada parte ou criando uma forma de brincar com alguém à sua frente.

Boca de forno

Domínio público – Adaptação Tio Rodrigo

```
        Intro: A Bm E A (2x)
                    A               Bm  E           A
        Boca de forno... tirando o bolo... abacaxi... maracujá...
                    A           Bm          E           A
        Se o rei mandar... eu vou fazer... se eu não fizer... eu vou perder...
                    A           Bm              E
        Seu rei mandou... todo mundo... dá um abraço...
                                    A
        Em quem está do seu lado...
        A
        Abraça, abraça, abraça... (3x) abraçou...
```

Alternância da letra:

- Fazer cosquinha no amigo do lado... (faz cosquinha)
- Dá um abraço na professora... (abraça a professora)
- Dá agora dez pulinhos... (1, 2, 3, 4, 5...)

Nota criativa: Use sua criatividade e faça outros comandos para o rei! Divirta-se!

Assista as videoaulas do autor!

Atividades com materiais alternativos

Bruno Rossetto de Góis

Nossa sociedade é culturalmente consumista, consequentemente, produtora de lixo. Desde o século passado estamos construindo uma nova cultura, a de reduzir, reciclar e reutilizar nossos resíduos secos. Educar para o ambiente é uma necessidade primaz para que nosso planeta se conserve saudável acolhendo as novas gerações. Os materiais reutilizáveis que nesta obra estão sugeridos são de uso cotidiano em nossas casas e escolas, trazendo fácil acesso quanto à coleta e armazenamento para que se transformem em agentes de educação.

Muitos professores têm dificuldade em associar o brinquedo como material pedagógico para que possa ser realizado o trabalho de ensino-aprendizagem. Kishimoto (1994) propõe então que os antigos objetos de estudos sejam substituídos por algo que possa proporcionar à criança um momento de descoberta mais espontâneo, explorando em seus próprios atos buscas por respostas. É assim que o brinquedo se torna um material pedagógico, e o professor pode utilizá-lo através de brincadeiras realizadas com todos os alunos.

Os 3Rs da sustentabilidade são ações práticas que visam minimizar o desperdício de materiais e produtos, além de poupar a natureza da extração inesgotável de recursos. Entendemos que, quando citamos *reduzir*, nos referimos ao sentido de diminuir a quantidade de lixo produzido, ter um menor desperdício e um consumo consciente, sem exageros; quando citamos a questão de *reutilizar*, queremos dar nova utilidade aos materiais que na maioria das vezes são considerados inúteis e que terão seu fim, o lixo, e *reciclar* tem o sentido de dar nova vida a materiais a partir da reutilização de sua matéria-prima para fabricar novos produtos.

Independente de lecionarem em instituição particular ou pública, muitos professores não podem comprar todos os materiais desejados; logo, retratam a realidade de suas práticas baseadas nos 3Rs da sustentabilidade (reduzir, reutilizar e reciclar).

Com o objetivo de enriquecer os conteúdos das aulas e disseminar a ideia de utilizar materiais que seriam descartados em materiais para fins educativos e/ou recreativos para os educandos, proponho utilizarmos alguns materiais que podem enriquecer nossa prática, aumentando inclusive a sensação de responsabilidade socioambiental, uma vez que aquele material terá outro modo de utilização, diferente do modo convencional que foi criado.

Repertório

Luneta

Divida o rolo de papel higiênico em três partes iguais. Selecione um pedaço do rolo de papel higiênico e cole-o na extremidade do rolo externo. Selecione outro pedaço do rolo de papel higiênico e cole em uma extremidade, na parte externa do rolo que ficará por dentro.

Encaixe o rolo menor dentro do rolo maior e alongue ao máximo a luneta. Cole o último pedaço do rolo de papel higiênico na outra extremidade interna do rolo que ficará por fora.

Bola na toca

Material: uma caixa de papelão e bolinhas coloridas de papel.

Para esta atividade, usou-se uma caixa de papelão larga, aplicando 4 furos próximos um do outro. A medida utilizada para os furos foi o fundo de uma lata de leite. Cada buraco foi pintado com uma cor. As bolinhas podem ser de papel sulfite colorido e revestidas de fita adesiva para aumentar a durabilidade, ou até mesmo bolinhas de plástico coloridas (iguais às utilizadas nas piscinas de bolinhas de plástico).

O professor deve distribuir as bolinhas aos alunos e estes devem colocá-las nos buracos correspondentes.

Dança no jornal

Material: uma folha de jornal para cada participante e música para estimular a dança.

O professor distribuirá uma folha para cada participante. Enquanto a música se desenvolve, os participantes dançarão sem sair do jornal. A cada pausa do professor, os participantes deverão dobrar a folha ao meio.

Sapato de lata

Material: latas, barbantes e jornal para preencher as latas.

O professor deve preparar antes os sapatos de lata para que os alunos não se machuquem. Dois furos devem ser realizados na parte superior. O barbante de aproximadamente 1,5m de comprimento deve passar de fora para dentro. Em cada ponta, dê de 3 a 4 nós para que não escape, preenchendo as latas com folhas de jornal para aumentar a durabilidade das latas, evitando que amassem com o peso da criança.

Cada aluno receberá 2 latas e segurará no meio da corda que servirá para manipular, levantando cada lata, permitindo se deslocar pelo espaço.

Corrida do saco

Material: sacos (estopa, plástico de farinha, de batata).

As crianças devem vestir os sacos e esperar o comando, na linha de largada.

Para começar a corrida, as crianças deverão segurar o saco com as mãos para evitar que ele caia abaixo dos joelhos e, no comando, devem saltar para frente para se movimentar; durante todo o percurso da corrida, as crianças devem manter ambas as pernas no saco até alcançar a linha de chegada. Ganha quem chegar primeiro à linha de chegada.

Vai e vem

Material: 2 garrafas, 4 tampinhas com furo no meio, fita adesiva e corda de varal fina.

Separe 2 garrafas pet limpas e sem rótulos. Corte com uma tesoura 2/3 de cada garrafa a partir do fundo. Encaixe as duas partes superiores e passe fita adesiva para fixá-las, deixando os gargalos para o lado de fora. Passe o barbante por dentro das garrafas. A fim de evitar que os participantes se machuquem, dê 2 nós, coloque a tampinha e mais 2 nós. Em seguida, faça uma amarração da ponta do barbante na base próxima à tampinha, formando uma alça. É possível amarrar uma argola também, caso tenha 4 unidades.

Arranca rabo

Material: tiras de tecido de *lycra* ou folhas de jornal.

Cada participante receberá uma folha de jornal e deverá torcê-la bem para simular um rabo e não ter o problema de rasgar no decorrer da atividade.

Nessa variação do pega-pega, os participantes correm atrás dos outros tentando pegar o maior número de "rabos" possível. Quem ficar sem rabo, esperará a brincadeira acabar.

Avião

Material: 1 folha de sulfite A4 para criar um avião e pedaço de giz.

A atividade se inicia com o professor ensinando e demonstrando passo a passo como criar o avião. Os educandos estarão um ao lado do outro, em um ponto de partida, e devem chegar até o outro lado da quadra ou qualquer outro ponto previamente combinado. A cada lançamento do avião, deve circular onde este caiu e ali será sua próxima zona de lançamento. Ganhará quem chegar ou ultrapassar o local combinado com a menor quantidade de lançamentos.

Foguete

Material: 1 folha de sulfite, 2 elásticos, 1 palito de sorvete e furador.

Após criar seu avião, faça um furo na parte inferior. Pegue um elástico, passe por dentro do furo de modo a fixá-lo suavemente. Dê várias voltas com o outro elástico na parte superior do palito de sorvete.

Posicione a base inferior do elástico do avião na parte superior do palito de sorvete e puxe-o para trás, tentando lançá-lo o mais alto possível.

Pinball

Material: 1 *pinball* criado, bolinhas de gude, giz para desenhar círculos e tampinhas de garrafa. O giz pode ser substituído por bambolê, caixas, ou qualquer outro material que esteja à sua disposição.

Os alunos serão divididos em pequenos grupos. Cada grupo receberá 2 bolinhas de gude. Cada casinha colorida possui uma pontuação representada a seguir (amarelo – 1 ponto; azul – 2 pontos; verde – 3 pontos; roxo – 4 pontos; vermelho – 5 pontos; e laranja – 6 pontos). Na primeira jogada, o aluno deverá colocar a quantidade de tampinhas de acordo com a pontuação correspondente no primeiro bambolê. Na segunda jogada, ele repetirá o processo, representando com tampinhas a pontuação no segundo bambolê. Para marcar um ponto à sua equipe, o aluno deverá somar as tampinhas do primeiro com o segundo bambolê e o resultado deve ser representado no terceiro bambolê.

Referências

KISHIMOTO, T.M. *O jogo e a educação infantil*. São Paulo: Pioneira, 1994.

Assista a videoaula do autor!

Jogos psicomotores

Bruno Rossetto de Góis

A psicomotricidade é a ciência que tem por objeto de estudo o homem, através do seu corpo em movimento, nas relações com seu mundo interno e seu mundo externo, baseando-se em uma concepção unificada da pessoa que inclui as interações cognitivas, sensório-motoras e psíquicas na compreensão das capacidades de ser e de expressar-se, a partir do movimento, em um contexto psicossocial.

A seguir serão descritas as bases psicomotoras e alguns exemplos de como aprimorá-las por meio de atividades divertidas.

Tonicidade

A tonicidade como módulo inicial da organização psicomotora e como paradigma da atenção e da emoção não se restringe à focagem sobre os estímulos, ou à rápida detecção de novos estímulos; ela congrega também vários processos de seleção e de exclusão dos atributos específicos das fontes de informação (FONSECA, 2014, p. 63). Ainda segundo Fonseca (2014), para esse envolvimento funcional, a tonicidade é moduladora da atenção, interferindo igualmente no processamento de informação vinda do corpo e de fora dele e com a memória de trabalho.

Estátua

Escolha um local com espaço e seguro para que crianças e adultos possam dançar ou se movimentar sem causar acidentes.

Quanto mais engraçada a dança ou movimentação, mais divertida será a brincadeira. Enquanto houver música, os participantes devem se movimentar; assim que a música parar, é hora de congelar o movimento e se tornar uma estátua. A brincadeira reinicia assim que a música recomeçar.

Morto-vivo muito louco

Ao comando do professor, os participantes deverão realizar o gesto solicitado.

• Morto: permanecer agachado.

• Vivo: permanecer em pé.

• Pipoca: realizar salto em X (afastando as pernas lateralmente e os braços acima da cabeça) e dar um grito muito alto e rápido.

• Pressão: colocar as mãos na cabeça e imitar o barulho de uma panela de pressão.

• Avião: manter um dos membros inferiores no solo, estender o outro membro inferior posteriormente, inclinando o tronco à frente e movimentando os membros superiores iguais a asas. Realizar sons imitando o avião.

• Elevador: realizar salto mantendo os membros inferiores unidos, elevando os braços acima da cabeça, caindo em pé com os membros superiores ao lado do tronco.

Equilibração

A equilibração reúne um conjunto de aptidões estáticas e dinâmicas, abrangendo o controle postural e o desenvolvimento das aquisições de locomoção (FONSECA, 2012).

Andar em cima do banco sueco

Os participantes andarão em cima do banco sueco tentando manter o equilíbrio. Para aumentar a dificuldade, o banco será virado e os alunos andarão na base menor, simulando o caminhar na trave de equilíbrio.

Amarelinha

Desenhe o diagrama com o giz sobre uma superfície plana e ampla. O traçado tradicional é um retângulo grande dividido em 10 retângulos menores – as "casinhas" – numerados de 1 a 10. Na parte superior do diagrama, faça uma meia-lua e escreva a palavra "Céu".

Para jogar, fique atrás da linha do início do traçado – do lado oposto à palavra "Céu" – e atire o marcador na casinha que não poderá ser pisada, começando pelo número 1. Atravesse o resto do circuito com pulos alternados nos dois pés e em um pé só. Ao chegar no "Céu", faça o caminho de volta do circuito, pegue o marcador – sem pular na casa onde ele está – e volte para trás do traçado. Depois, jogue o marcador na próxima casinha e assim sucessivamente. Se errar, será a vez do próximo jogador. Vence quem completar todo diagrama primeiro.

Esquema e imagem corporal

Para Wallon (1974) esquema corporal é a consciência do corpo como meio de comunicação consigo mesmo e com o meio. É um elemento básico indispensável para a formação da personalidade da criança. É a representação relativamente global, científica e diferenciada que a criança tem de seu próprio corpo.

Imitação postural

Algumas imagens serão selecionadas e impressas em tamanho grande a fim de facilitar a visualização. O professor selecionará uma imagem e os participantes deverão executá-la no tempo de um minuto.

Cola cola

O professor dirá: "Cola cola".

Os participantes dirão: "O quê, o quê?"

O professor responderá: "Mão com mão".

Os participantes deverão colar a sua mão na mão de outro(s) participante(s). A atividade se reiniciará assim que todos realizarem de modo correto o comando solicitado. O professor deverá falar partes diferentes do corpo.

Lateralização

De acordo com Vitor (2014), os seguintes componentes de preferência ou dominância neurofuncional dos receptores e dos efetores, levando em consideração o percurso evolutivo do sujeito nos seguintes aspectos – ocular, auditiva, manual e pedal.

Mestre mandou com bexigas

Cada participante receberá uma bexiga e a encherá o suficiente para rebater e não estourar.

O professor dirá: "O mestre mandou".

Os alunos perguntarão: "Fazer o quê?"

O professor responderá: "Bater na bexiga com a mão acima da cabeça". "Bater na bexiga com as partes do corpo abaixo da cintura." "Com qualquer parte do corpo do lado esquerdo." Entre outras variações.

Mestre mandou imitar animais

O professor dirá: "O mestre mandou".

Os alunos perguntarão: "Fazer o quê?"

O professor responderá: "Imitar um sapo".

E assim sucessivamente com outros animais e personagens de nosso folclore, tais como o Saci Pererê, entre outros.

Orientação espaçotemporal

Para Fonseca (2012), estas são propriedades funcionais que estão adaptadas à captação, à análise, à síntese e ao armazenamento de estímulos recebidos pelos analisadores sensoriais, visuais e auditivos, que compreendem a translação dialética dos dados espaçotemporais.

Mãe da rua

Cada time ficará em uma das calçadas. O objetivo é atravessar para o outro lado sem ser "pego" pela mãe da rua. Quem for pego, deve ajudar a mãe da rua a "pegar" outros participantes. Vence quem for o último que conseguir atravessar e não ser "pego". Para criar dificuldades, os jogadores devem atravessar pulando em um pé só.

Coelho sai da toca

Ao comando do professor, os alunos entram e saem das tocas (arcos) durante o jogo. Quando o professor disser "coelho sai da toca", todos os coelhos saem de dentro dos arcos e pulam como coelhos no espaço de jogo, e quando o professor disser "coelho entra na toca", todos os alunos entram na primeira toca que encontrarem sem poder deixar nenhuma toca vazia. No decorrer da atividade o professor poderá retirar aos poucos os arcos e explicar aos alunos que nenhum coelhinho poderá ficar fora das tocas. O objetivo então seria formar grandes grupos de alunos dentro de uma só toca e assim incentivar uma maior socialização entre eles.

Praxia global

Para Fonseca (2012), esta função fundamental envolve a organização da atividade consciente e a sua programação, regulação e verificação. Compreende tarefas motoras sequenciais globais e tem como principal missão a realização e a automação de movimentos globais complexos, que se desenrolam em certo período e que exigem a atividade conjunta de vários grupos musculares.

Nunca 4

A atividade se inicia semelhante ao pega-pega da corrente, mas quando juntar quatro crianças, elas se dividirão, formando duas duplas, dando continuidade à atividade até que todos sejam pegos.

Variações: a atividade se inicia com dois pegadores, um menino e uma menina. Os meninos só podem pegar meninos e as meninas só podem pegar meninas.

Pique-bandeira

Os participantes são divididos em dois grupos com o mesmo número de crianças. Delimita-se o campo e, em cada lado, nas duas extremidades, é colocada uma bandeira. O jogo consiste em cada grupo tentar capturar a bandeira do outro grupo, sem ser tocado por qualquer jogador adversário.

Praxia fina

De acordo com Fonseca (2012), a praxia fina compreende as tarefas motoras sequenciais finas. A função de coordenação dos movimentos dos olhos durante a fixação da atenção e durante as manipulações de objetos que exigem controle visual, além de abrangerem as funções de programação, regulação e verificação das atividades preensivas e manipulativas mais finas e complexas.

Jenga

Prepare a torre colocando 3 blocos virados para baixo. Em seguida, coloque em cima deles 3 blocos virados para a esquerda. Continue fazendo isso até não sobrar mais blocos.

Tente retirar um bloco devagar, puxando-o ou empurrando-o.

Após retirar um bloco, coloque-o em cima da torre seguindo seu sentido. Na sequência será a próxima pessoa que tentará retirar uma peça e colocar em cima.

Cai ou não cai

Pode ser praticado de dois a quatro jogadores. O jogo é composto de uma garrafa de plástico (Pet) com um furo no final para que as bolinhas que caírem possam ser retiradas. No meio do tubo há diversos furos, onde são colocadas as varetas (palitos de churrasco). Após colocar todas as varetas, coloque as bolinhas de gude pela parte de cima da garrafa.

O objetivo do jogo é retirar as varetas do tubo sem que as bolinhas caiam. O vencedor será o jogador que obtiver a menor quantidade de bolinhas.

Referências

FONSECA, V. *Dificuldades de coordenação psicomotora na criança* – A organização práxica e a dispraxia infantil. Rio de Janeiro: Wak, 2014.

_____. *Manual de observação psicomotora* – Significação psiconeurológica dos fatores psicomotores. 2. ed. Rio de Janeiro: Wak, 2012.

WALLON, H. *Do ato ao pensamento*. Petrópolis: Vozes, 2016.

 Assista a videoaula do autor!

Brincadeiras educativas

Luis Felipe Cordeiro

As brincadeiras estão presentes na humanidade desde os primórdios, principalmente na infância, onde através do brincar a criança se desenvolve. Navarro (2009, p. 2.123) diz que: "O brincar é atividade fundamental para crianças pequenas, é brincando que elas descobrem o mundo, se comunicam e se inserem em um contexto social". Ressalta-se assim a importância do brincar, principalmente na escola.

Com a mudança da escola atual, os alunos também estão diferentes; antes o tempo em que as crianças passavam se desenvolvendo na escola era menor, sobrando assim tempo livre para brincadeiras em casa ou na rua. Escolas em tempo integral ou com oficinas fazem com que o aluno fique mais tempo no espaço, abdicando de tempo livre em casa ou na rua e limitando o tempo para brincadeiras, fazendo com que a escola seja uma extensão de sua casa, onde deve desenvolver habilidades competentes para a sua vida.

O brincar na escola se manifesta de várias formas, principalmente social, e "se o brincar é social, a criança não brinca sozinha, ela tem um brinquedo, um ambiente, uma história, um colega, um professor que media essa relação e que faz do brincar algo criativo e estimulante, ou seja, a forma como o brincar é mediado pelo contexto escolar é importante para que seja de qualidade e realmente ofereça a oportunidade de diferentes aprendizagens à criança (NAVARRO, 2009).

A escola é um ambiente ideal para que a brincadeira aconteça; assim, a percepção das crianças sobre a brincadeira é marcada pela influência cultural de onde está inserida. A brincadeira é subjetiva e passa a ser encarada por diferentes perspectivas.

O professor tem um papel fundamental na construção da brincadeira, principalmente brincadeiras educativas em que se relacionam entre o brincar e o aprender. Através dela o lúdico estará presente na sala de aula, quebrando o método tradicional e desmitificando-o através de novas propostas pedagógicas. É imprescindível que os educadores saibam a importância da brincadeira e seus impactos no processo educativo de modo positivo, contribuindo para o desenvolvimento geral das crianças.

As brincadeiras educativas surgem como uma possibilidade de aprendizagem lúdica para os alunos e uma dinâmica diferenciada para o professor que, através da criatividade, tem possibilidades para desenvolver suas aulas sem sair do planejamento escolar.

As atividades propostas a seguir têm o objetivo de contribuir para o desenvolvimento das aulas, principalmente em sala de aula, quando de forma lúdica o professor poderá desenvolver seu planejamento. Faz-se necessário um olhar amplo para cada atividade contemplando três aspectos: a utilização/adaptação de materiais, faixa etária e os conteúdos que serão desenvolvidos.

Repertório

Massa de modelar caseira

Para desenvolver esta atividade alguns ingredientes são necessários, e tais podem ser disponibilizados pelo professor/instituição:

1 xícara de sal, 1 xícara de farinha de trigo, 1 ½ xícara de água, 3 colheres de sopa de óleo, 1 prato para cada aluno e corante ou suco em pó (caso queira fazer colorida). Com cuidado e aos poucos, misturam-se os ingredientes dentro dos pratos até que forme o ponto da massa de modelar. Após a confecção da massa, o professor pode utilizá-la de diferentes maneiras e trabalhar vários conteúdos ou simplesmente a utilização como forma de manipulação.

Avião ao alvo

Na atividade do avião ao alvo, o professor precisará apenas de folhas sulfite e um papelão/cartolina. As folhas sulfite serão utilizadas para fazer os aviões e o papelão será para o alvo. No papelão o professor deverá recortar alguns círculos de vários tamanhos (cada círculo tem uma pontuação, de acordo com o nível de dificuldade). Em seguida, o professor deverá ensinar e demonstrar passo a passo como criar o avião. Em fila os alunos lançarão seus aviões para acertar o alvo. Cada aluno lançará 3 vezes e, ao final, será somada a pontuação de cada um, vencendo quem somou mais pontos.

Corrida da tabuada

Para a corrida da tabuada é necessário apenas cartolina, papel pardo ou papelão e fita adesiva. O educador irá dividir a cartolina em linhas e colunas; nas linhas serão escritos os nomes dos alunos, nas colunas serão os números de 0 a 10. Cada aluno poderá desenhar o seu carrinho para que seja colocado ao lado do seu nome; conforme o aluno vai acertando e conhecendo a tabuada ele avança uma linha; vence quem chegar primeiro na tabuada do 10. O critério para avançar o carrinho é decidido pelo professor; pode ser uma tentativa por dia ou todas no mesmo dia em forma de gincana.

Pescaria

A pescaria é uma brincadeira tradicional brasileira, realizada em festas juninas, festas caipiras, quermesses, parques de diversões e outras diferentes festas que envolvem a diversão das pessoas. Quando a introduzimos na sala de aula, a transformamos em uma brincadeira educativa. Para essa brincadeira necessita-se de uma vareta pequena, barbante, clipes de metal e uma folha de EVA. O barbante é amarrado na vareta e na outra ponta o clipe (formato de anzol). Desenhe alguns peixinhos no EVA e na ponta do peixe coloque o clipe para que se encaixe na linha. Nos peixinhos você pode colocar letras, sílabas, jogo da memória, quebra-cabeça, ou fazer esta atividade pelo simples fato de brincar de pescar.

Amarelinha divertida

Para esta brincadeira você precisará de bambolês ou giz para desenhar a amarelinha. O objetivo é passar pela amarelinha sem pisar em algum campo. Você pode colocar nas casas números em sequência (amarelinha tradicional), mas as crianças só podem pisar nos números pares ou ímpares, por exemplo. Podem ser colocadas letras e sílabas, formando palavras.

Jogo das fichas

Consiste em um jogo de verdadeiro ou falso; para realizá-lo necessita-se apenas de cartolina e caneta. Recorte pequenas tiras de cartolina, o suficiente para 2 fichas para cada aluno. Escreva em uma das fichas VERDADEIRO e na outra FALSO. Você relacionará afirmações/ perguntas conforme o conteúdo que está desenvolvendo com seus alunos. Os alunos ficam posicionados em fileiras; conforme o professor faz as afirmações/perguntas, eles terão que mostrar a ficha de verdadeiro ou falso; quem acerta dá um passo à frente; pode ser feito também em equipes e feito um trajeto que quem acerta avança.

Referências

NAVARRO, M.S. O brincar na Educação Infantil. *IX Congresso Nacional de Educação* – Educere. Curitiba, 2009.

 Assista a videoaula do autor!

Brincadeiras, jogos e esportes

Victor César Shing

Se fizermos uma viagem no tempo, veremos que desde os tempos mais primórdios a espécie humana e até mesmo os animais competem entre si, sendo pela sobrevivência ou pela autoafirmação. Os machos (animais) competem entre si pelo direito de galantear as fêmeas, as tribos competem por territórios, as pessoas competem pelos empregos, por dinheiro, pelo tempo, enfim, a competição está presente na vida de todos os seres do mundo.

As práticas esportivas se apresentam na vida dos seres humanos por conta da necessidade que temos de competir. Os esportes surgem diante das evoluções e necessidades sociais, tendo diversas origens, como os esportes indígenas – necessidades de aperfeiçoamento de habilidades como as corridas, até mesmo por necessidades de entretenimento como o basquete e o futebol. É claro que se aprofundarmos a pesquisa iremos encontrar diversas causas diferentes para o surgimento de algumas ou até quase todas as modalidades esportivas, porém, nesse momento, o que precisamos ter em mente é que a competição está presente na vida humana, e essa competição possui uma relação muito próxima com as atividades esportivas.

Temos que dar muito crédito à popularização dos esportes por conta da reativação dos Jogos Olímpicos de 1896, ou como alguns estudiosos costumam chamar de "A Era dos Jogos Olímpicos Modernos" em Atenas na Grécia, que contou com a participação de catorze países, atribuindo diversas modalidades individuais tais como atletismo, esgrima, levantamento de peso, natação, ciclismo, ginásticas e lutas. Já em 1900 as modalidades coletivas foram incluídas no programa olímpico; essas modalidades foram o futebol, *rugby*, polo e críquete, que ganharam espaços nos jogos e tiveram suas primeiras exibições.

Com a evolução da sociedade, os esportes também foram evoluindo e hoje possuem diferentes objetivos em suas organizações e execuções.

A prática esportiva propriamente dita, independente de qual modalidade seja, possui uma série de movimentos, habilidades técnicas e táticas, e objetivos específicos, fazendo com que nem todos os participantes sejam ou estejam aptos a tais práticas, deixando assim de ser algo integrativo e passando a ser exclusivo. É claro que estou me referindo às práticas esportivas de alto rendimento. Mas pensando no desenvolvimento pedagógico de despertar o interesse na prática, usar de recursos para outros objetivos, temos que encontrar maneiras para que possamos usufruir melhor das atividades esportivas.

Pensando pelo lado das ações lúdicas, as atividades esportivas também estão presentes e possuem sua devida importância, e assim como as modalidades foram evoluindo, a criatividade dos profissionais ligados à execução de práticas físicas em adaptar as modalidades esportivas vem se destacando cada vez mais, fazendo com que novas formas e adaptações surjam.

Analisando de forma bem ampliada as modalidades esportivas, podemos chegar em adaptações bem populares que em sua evolução se tornaram novas modalidades como, por exemplo, o futsal, o vôlei de areia, o basquete 3 x 3 e tantas outras.

Um problema comum em situações mais necessitadas é a acessibilidade às práticas esportivas; pensando nisso, é comum que os profissionais utilizem as ações lúdicas para explorar as atividades esportivas. Os jogos e brincadeiras entram nessas situações como grandes ferramentas para o desenvolvimento das atividades. Utilizando um exemplo bem popular, pode-se treinar movimentos do handebol jogando "queimada", habilidades do futebol se realizando o jogo "linha". Analisando essas situações, concluo que as práticas esportivas hoje fazem parte da cultura popular de movimentos, pois é de extrema normalidade as pessoas relacionarem os movimentos a práticas esportivas, como um menino que, por mais que não saiba jogar futebol, ao chutar uma lata na rua ou uma bola qualquer irá se posicionar ao fato jogar futebol. É bem provável que uma pessoa que, ao sair do banho, arremesse uma toalha ao no cesto de roupas sujas se refira ou relacione ao fato "jogar basquete", e por aí vai, pois vivemos em uma sociedade incluída no esporte, que vive e necessita da competição. Por fim, a evolução e a necessidade de atividades esportivas, sejam elas quais forem, coletivas, individuais, eletrônicas e digitais, lúdicas ou profissionais, estarão sempre em pleno desenvolvimento diante dos interesses sociais.

Repertório

Garça pegadora

Os participantes irão estar espalhados livremente pela área da atividade. O professor irá estipular um determinado tempo em minutos para que a atividade aconteça. Esse tempo será a duração que o pegador terá para completar a tarefa de capturar todos os participantes. Um aluno será escolhido para ser o pegador e os demais irão fugir. No início, quando um aluno for pego, este deverá permanecer parado, equilibrando-se sobre uma perna; a outra perna deverá ficar elevada e semiflexionada à frente do corpo, como se fosse uma garça. Se o pegador conseguir capturar todos os participantes será o vencedor; caso o tempo termine, os alunos que não foram capturados vencem.

Humanus

Os alunos devem estar livremente no espaço estabelecido para a atividade com o formulário e o lápis em mãos. Ao comando do professor, a atividade se inicia. Os alunos devem conversar entre si procurando preencher o formulário rapidamente e da melhor forma possível. Esse formulário terá as seguintes instruções:

- nome de três colegas que calcem o mesmo número que você;
- nome de um colega que tenha uma mesma letra que componha o seu nome;
- nome de um colega que toque um instrumento musical;
- nome de um colega que tirou a mesma nota que você em qualquer uma das provas desse bimestre;
- nome de um colega que gosta de assistir o mesmo programa que você;
- nome de um colega que gosta do mesmo time de futebol que você;
- nome de um colega que tem quatro dígitos no números do telefone que correspondam ao seu número.

Queimada velocista

Material: uma bola para queimada e giz de lousa.

O professor irá separar duas equipes com o mesmo número de participantes; em seguida, irá marcar com o giz no chão do espaço da atividade os quatro cantos com as seguintes numerações: 50, 100,

150 e 200. Uma das equipes irá se espalhar pelo espaço da atividade e a outra irá permanecer encostada aguardando. Vamos classificar a equipe que está esperando de equipe A e a outra que está espalhada de equipe B.

Um integrante da equipe A irá começar o jogo partindo do ponto marcado como 200; esse participante irá chutar ou lançar a bola o mais longe possível e deverá sair correndo em direção ao 50, depois ao 100, consequentemente ao 150 e terminando a sua volta novamente ao 200. Essa numeração corresponde à pontuação alcançada de cada competidor. Os integrantes da equipe B deverão pegar a bola e queimar o competidor que correrá. Assim que o participante do time A for queimado ou completar a sua volta sem ser queimado, soma-se os pontos conquistados e outro integrante terá a vez de correr da mesma forma, com os mesmos processos. Quando todos os integrantes da equipe A tiverem feito a corrida, troca-se as equipes: a equipe A agora permanece toda espalhada pelo espaço e a equipe B irá correr. Vencerá a equipe que conquistar mais pontos.

Bandeirão

Material: 20 tiras de tecidos para serem utilizadas como bandeiras, sendo 10 de cada cor.

Duas equipes com o mesmo número de participantes. As equipes possuem a metade do espaço da atividade como suas respectivas bases. Cada base possui uma área que chamamos de forte, onde serão colocadas as bandeiras. Caso um integrante ultrapasse para o lado do adversário, ele será congelado e só poderá se locomover novamente quando for salvo por um colega do mesmo time. O objetivo do jogo é ter 5 bandeiras de sua própria equipe nos dois fortes, no seu forte correspondente e no forte do adversário. O participante só não será congelado caso esteja em suas respectivas áreas ou no forte do adversário. Vencerá a equipe que conseguir colocar as bandeiras primeiro.

Trave travessão

Duas equipes de cinco participantes serão montadas. Cada integrante da equipe irá escolher um número de 1 a 5. O professor irá posicionar as 2 bolas de basquete no centro da quadra; em seguida irá dizer em voz alta um número. Após o professor dizer o número, os participantes correspondentes ao número irão correr até o centro da quadra, pegar uma bola, sair driblando até a trave do gol à sua frente, encostar a bola primeiro em uma das traves, depois na outra trave e, por último, no travessão; sair driblando novamente em direção à outra trave e repetir o mesmo procedimento. Ao terminar, o participante irá driblar novamente até a primeira trave e realizar um arremesso na cesta de basquete; ao acertar, correr driblando até a outra cesta e concluir uma bandeja. Quando o participante acertar a cesta fazendo a bandeja, deverá posicionar a bola no centro da quadra como no início. Aquele que realizar todos os processos e colocar a bola novamente no centro da quadra primeiro marca o ponto.

Brinquedos para bebês

Bruna Cristina Querubim Adriano

Mas o que são brinquedos? São objetos que dão suporte à brincadeira. Os brinquedos podem ser estruturados (aqueles adquiridos prontos) e não estruturados, que não são provenientes de indústrias, na qual são simples objetos, que, quando ligados a nosso imaginário, podem transformar pedras em mesas, papéis em comidas, ou seja, os brinquedos dependem de sua origem ou da alteração criativa da criança sobre um objeto.

Mas qual a faixa etária de bebês que estamos falando? É válido ressaltar que aqui está estabelecido de acordo com o ambiente escolar, então a faixa etária estabelecida é apontada igual ou semelhante ao que acontece na escola, ou seja, as crianças de 3 meses a 1 ano e 7 meses são divididas em dois grupos, que são denominados berçário I – crianças de 3 meses a 1 ano – e berçário II – crianças de 1 ano até 1 ano e 7 meses (essa divisão varia de município para município).

Mas o que são brinquedos para bebês? Quando falamos de brinquedos para bebês, devemos analisar a praticidade que deve-se encontrar nos mesmos, pois serão utilizados para desenvolver os bebês de maneira lúdica e gradual. Os brinquedos devem levar em consideração as destrezas a serem desenvolvidas nos bebês (equilíbrio, manipulação, coordenação motora fina), além de autonomia, socialização e movimento de pinça, que será essencial para a vida deles.

Repertório

Alimentando o seu boneco

Material: caixas de leite e EVA.

Cada criança recebe um boneco, um pratinho com comidinhas falsas e uma colher (o ideal é que os objetos utilizados sejam semelhantes aos que os bebês utilizam em sua própria alimentação), e o intuito da atividade é que cada um deverá alimentar o seu boneco. Para essa atividade indico que se utilize massinha de modelar caseira, pois esse material faz peso na colher semelhante à alimentação dele, além de ser um material não tóxico.

Variação: podem ser apresentados para os bebês do B2 objetos que deverão ser divididos entre os que podem se levar à boca e os que não podem, e o intuito é que eles percebam a diferença e comecem a praticar isso no dia a dia.

Encaixe os palitos no pote

Material: potes de lenço umedecidos e EVA.

Cada bebê recebe um pote com pequenos cortes na tampa (corte de tamanho suficiente para se encaixar palitos de sorvete) e vários palitos, que deverão ser encapados para a segurança deles, os quais deverão ser encaixados nesses cortes.

Variação: pode-se repetir a atividade apresentando palitos coloridos a fim de introduzir cores variadas aos bebês. O ideal é que essa atividade seja feita de maneira com que os bebês consigam assimilar as cores com objetos contidos na sala; por exemplo, o amarelo pode ser assimilado com a cor do "pintinho amarelinho", assim pedindo para que os mesmos coloquem apenas a cor amarela, que é a cor de tal objeto.

Pescaria do berçário

Material: EVA, palito de churrasco, barbante e ímã magnético.

Cada bebê recebe uma varinha de pescar com um ímã magnético na ponta, e em um recipiente que simule uma represa (não há necessidade de se colocar água), no qual são colocados vários peixinhos feitos de EVA com ímã magnético dentro, e deverão pescar o máximo de peixinhos que conseguirem.

Lata de manipulação

Material: lata de leite em pó e fita de cetim número 5.

Cada bebê deverá receber uma lata, que previamente foi transpassada com várias fitas de cetim coloridas; no lado exterior da lata deve ficar à mostra dos bebês apenas um nó, e o intuito é que eles puxem esses nós para descobrir o colorido das fitas.

Castelo de cones de linhas

Cada bebê deverá receber vários cones de linhas, e serão estimulados a equilibrar esses cones um sobre o outro, formando assim um castelo.

De onde vem o leite?

Material: EVA e luva de látex branca.

O professor conversará com as crianças sobre o leite que os mesmos bebem, e mostrará a eles que esse leite, na maioria das vezes, vem da vaca e não da caixinha, e para que os mesmos vivenciem essa experiência é apresentada a eles uma vaca feita do material de sua preferência, e amarrada junto a ela uma luva de látex com leite, simulando as tetas da vaca, e os mesmos deverão apertar e vivenciar essa experiência, que será mágica para eles.

Brincadeiras e brinquedos com materiais recicláveis

Janaína Aparecida Silveira Rosa

Diante do contexto mundial em que a preocupação com as mudanças climáticas e a degradação da natureza está cada vez mais avassaladora, temos que nos conscientizar, pois pode-se reverter esse quadro de alguma forma.

No contexto escolar, os professores são importantes nesta mudança, visto que podem trabalhar, por exemplo, recuperando "os lixos", transformando-os em brinquedos ou até mesmo em jogos.

O ato de brincar enriquece a identidade da criança porque ela experimenta outra forma de ser e de pensar; além de aprender brincando, as crianças dão mais valor aos brinquedos reciclados, pois eles reforçam a importância da reciclagem.

Ao ver uma criança brincando com uma tampa de panela, pode-se perceber como expressa o "faz de conta", pois a tampa pode tornar-se um volante de avião ou até mesmo um chapéu. E por que não trabalhar com recicláveis dentro da escola? E por que não aprender a fazer brinquedos a partir de recicláveis?

O reconhecimento em transformar os materiais recicláveis remete a criança para conhecer um mundo onde pode criar, recriar, inventar brinquedos ou jogos para se divertir. O professor pode mostrar como fazê-los e em suas aulas dizer que não precisa só ter brinquedos comprados, que o brinquedo ou jogo reciclado também tem seu valor e pode ser utilizado como forma de aprendizado, sem contar com o baixo custo, trabalhando ainda a noção de sustentabilidade, de grande importância na vida das crianças.

Os brinquedos reciclados, quando feitos pelas crianças, tendem a mostrar como elas devem dar valor para as coisas, pois muitas não podem comprar e, quando têm um brinquedo que pode ser reciclado, a importância de cuidar e preservar é inevitável.

Quando se leva o reciclável para dentro da escola, pode-se resgatar brincadeiras populares, despertando o interesse tanto de alunos como de professores para a importância de misturar o reciclado com as brincadeiras populares, fazendo uma reflexão do que havia se perdido com a sustentabilidade.

Para Sommerhalder e Alves (2011), a sucata é um excelente material para pesquisa, conscientização e construção. A criança sente grande valor afetivo pelo brinquedo construído por ela própria; quanto mais ela se dedica à construção do brinquedo, maior sua felicidade ao final.

Ora, se o jogo é assim tão importante é, certamente, porque cumpre uma função vital entre os humanos. O jogo tem a propriedade de trazer as experiências do mundo exterior para o espírito humano, de maneira que, jogando com elas, a cultura passa a ser criada, revista, corrigida, ampliada, garantindo o ambiente de nossa existência (FREIRE, 2002, p. 88).

O lúdico sempre fará parte da cultura, seja com um brinquedo reciclável ou seja com um brinquedo comprado, contribuindo para o desenvolvimento integral da criança. Um grande desafio da atualidade é reduzir a produção de lixo numa sociedade consumista; para isso, as escolas e os professores têm uma fundamental missão, que é através de brinquedos e jogos recicláveis conscientizar as crianças e as pessoas que vivem ao seu redor.

Repertório

Jogo da memória (alfabeto)

Usando copos descartáveis, faça as letras do alfabeto em uma cartolina; na parte de cima do copo, cole as letras, uma a uma.

Os copos descartáveis estarão virados para baixo; cada criança irá escolher 2 copos e desvirá-los; se as letras forem diferentes, passa a vez para o outro. Vence quem tiver mais copos.

Bilboquê

Corte a garrafa pet na altura do gargalo, em formato de tacinha; corte 30cm de barbante; amarre uma ponta do barbante na tampinha de refrigerante e amarre a outra ponta na garrafa pet. A criança deve tentar colocar a tampinha dentro da garrafa sem usar as mãos, fazendo movimento de jogar para cima.

Torre inteligente

Com restos de madeira deve-se confeccionar 63 quadrados com 7cm x 7cm; os cilindros também são de madeira, medindo 6cm de altura. Nos quadrados devem ser feitos círculos coloridos do tamanho que possa ir um cilindro em cima. Pode-se jogar sozinho ou com mais crianças. O jogo começa com um quadrado mostrando a quantidade de círculos em cima; a criança deve pegar os cilindros da mesma cor e pôr em cima do quadrado, formando uma torre; se a torre cair, acaba o jogo.

Pega-varetas

Com palitos de churrasco, deve-se separar uma quantia igual para pintar com as cores amarelo, azul, verde e quaisquer outras cores, sendo que para o preto é um palito só.

Joga-se os palitos e, para começar, uma criança deve tentar retirar os palitos sem mexer os demais; caso mexa, dá a chance para o outro retirar e assim sucessivamente. Ganha quem tiver a maior pontuação ou a maior quantidade de palitos.

Dar o laço

Com a caixa de ovos deve-se fazer furos na parte de baixo para poder passar o cadarço. As crianças devem colocar os cadarços entrelaçando-os pelos buracos da caixa de ovos, como se estivessem amarrando um tênis.

Corrida das formas geométricas

Deve-se fazer um tapete de papelão com as formas geométricas pintadas; a criança deve jogar o dado, que também terá as formas desenhadas.

Quatro crianças começam o jogo, as demais irão jogar o dado; cada vez que o dado cair, uma criança anda uma casa; ganha a criança que andar todas as casas até o final.

Jogo da velha

Em um papelão, recortar quadrados 12cm x 12cm e desenhar as linhas. Em duplas, cada um com um giz, começa o jogo da velha; vence quem fizer os três desenhos seguidos iguais; para apagar, usa-se um pano.

Jogo dos cotonetes

Pintar os cotonetes com as pontas coloridas; fazer os desenhos em uma folha mais grossa. Os cotonetes estarão espalhados para as crianças pegarem; deve-se colocar os cotonetes certos em cima do desenho certo. Vence quem completar todos os desenhos com os cotonetes.

Peão de cd's

Em um cd deve-se colar de um lado uma bolica e, do outro, uma tampinha de garrafa pet. A criança irá girar o peão de cd fazendo com que ele gire sem bater nos outros peões. Ganha o peão que parar de girar por último.

Referências

FREIRE, P. *Pedagogia da autonomia* – Saberes necessários à prática educativa. 21. ed. São Paulo: Paz e Terra, 2002.

SOMMERHALDER, A. & ALVES, F.D. *Jogo e a educação da infância* – Muito prazer em aprender. Curitiba: CRV, 2011.

 Assista a videoaula do autor!

Jogos de improviso

Tiago Aquino da Costa e Silva
Alipio Rodrigues Pines Junior
José Pedro Scarpel Pacheco

A origem dos *jogos de improviso* é datada em 600 a.c., onde o grego Tespis inventou um diálogo incorporando Dionísio e respondendo a um coro que celebrava a fertilização, tornando assim o primeiro improvisador da história. Já na *Commedia Dell'arte* (Itália, 1500), os primeiros atores pagos de todos os tempos também improvisavam, sendo pela dança ou nas pantomimas. Já em meados de 1940, Viola Spolin criou o *Theatre Games*, onde suas técnicas de improviso influenciaram todos os grupos de teatro ao redor do mundo (SILVA & GONÇALVES, 2017).

Os *jogos de improviso* transcendem os limites do teatro para outras áreas da vivência humana, como as da Psicoterapia e da Educação (CHACRA, 2007). Para Spolin (2006), todas as pessoas são capazes de improvisar, aprendendo através da experiência e da vivência no jogo.

A utilização dos *jogos teatrais* em contextos formais e não formais da educação foi elaborada inicialmente por Viola Spolin ao longo de quase 30 anos de pesquisas junto a crianças, adolescentes, adultos e idosos nos Estados Unidos da América. Spolin almejava libertar a criança e o ator amador de comportamentos de palco mecânicos e rígidos, oportunizando a criação e a vivência de novas experiências teatrais (JAPIASSU, 1998).

Sete categorias do improviso

Jogo

As regras do *jogo teatral* incluem o "Onde" (local da ação), "Quem" (o personagem), "O quê" (a ação propriamente dita) e o objeto (foco), mais o acordo do grupo (KOUDELA, 2009). Por meio do desenvolvimento do jogo, o jogador desenvolve liberdade pessoal dentro do limite das regras estabelecidas e cria técnicas e habilidades necessárias para a resolução de um problema. O jogo apresenta um problema que deverá ser solucionado pelos jogadores. A energia para resolver o problema, sendo restringida pelas regras do jogo e estabelecida pela decisão coletiva, cria uma explosão – espontaneidade – e, como é comum nas explosões, tudo é destruído e desbloqueado (SPOLIN, 2006).

Aprovação e desaprovação

O primeiro passo para jogar é a liberdade pessoal. Antes de jogar devemos estar livres. A liberdade pessoal leva a experimentar e adquirir autoconsciência e autoexpressão, propiciando vivências conscientizadoras e expressionistas. O orientador do jogo não pode julgar o bom ou o mau, pois não existe uma maneira absolutamente certa ou errada para solucionar um problema (SPOLIN, 2006).

Expressão de grupo

Para um jogador iniciante, trabalhar em grupo traz segurança, por um lado e, por outro lado, representa uma ameaça, pois é conflitante estar diante de jogadores observadores durante sua atuação (SPOLIN, 2006). Assim, o orientador deverá adotar estratégias e metodologias para pouca exposição do jogador iniciante, possibilitando o sucesso e possíveis soluções para os "problemas" do jogo.

Plateia

O papel da plateia é tornar-se parte concreta da atuação improvisada. A plateia é constituída pelos jogadores-observadores. A prática dos jogos evidencia a importância do jogador-observador, pois as ações são intencionalmente dirigidas para o outro.

Técnicas teatrais

A existência da comunicação é muito mais importante do que o método utilizado pelo orientador, pois extrapola os limites da vivência e convivência entre os jogadores. Quando o jogador-ator realmente sabe que há diversas maneiras de fazer e dizer algo, as técnicas aparecerão a partir do seu total, libertando o aluno para o padrão de comportamento fluente do jogo (SPOLIN, 2006).

A transposição do processo de aprendizagem para a vida diária

Para Spolin (2006), as propostas de jogos devem ser colocadas para o jogador em ação dentro das possibilidades de cada indivíduo, realizado assim, de maneira que ele as observa e transporta para sua vida diária. Quando isto é aprendido no jogo, produz-se o reconhecimento e contato puro com o mundo exterior.

Fiscalização

É a maneira pela qual o material é apresentado ao jogador em um nível físico e não verbal, em oposição a uma abordagem intelectual e psicológica. A fiscalização faz-se necessária como fator de *feedback* do jogo construído para que as cenas posteriores apresentem um desenvolvimento (SPOLIN, 2006).

Repertório

Transformação de objetos

Um grupo de dez ou mais jogadores em pé no círculo. O primeiro jogador, focalizando a substância do espaço entre as palmas das mãos e movendo-a, permitindo que o objeto assuma forma, e depois passando-o para o próximo jogador. O segundo jogador manipula e joga com esse objeto, permitindo ou não uma nova forma, e depois passando-o para o próximo jogador. Os objetos devem ser passados no círculo de um a um, entre os jogadores.

História improvisada duração do jogo

Todo grupo formará um círculo. É escolhido um tema para o enredo e a letra para o início da história. Cada jogador dará sequência na história obedecendo a ordem das letras no alfabeto.

Por exemplo: Letra escolhida: M – Tema: Praia

1º jogador: "Meu Deus, que sol está na praia!"
2º jogador: "Não acredito, esqueci o bloqueador solar!"

E assim por diante.

Pegador com explosão

O jogo é realizado numa área livre de objetos. Metade do grupo joga e a outra metade torna-se plateia. Um jogo regular de pegador é iniciado dentro dos limites. O grupo estabelece quem é o pegador. Os jogadores não podem ultrapassar os limites físicos estabelecidos no jogo. Quando os níveis de atividades estiverem elevados, o recreador acrescenta uma nova regra. Quando forem pegos, os jogadores devem tomar o seu tempo e "explodir". Não há uma forma preestabelecida para explodir, sendo uma ação espontânea.

A roda da improvisação

Os jogadores em roda. O jogo inicia com dois jogadores ao centro elaborando uma improvisação, não predeterminada. Após a cena estar concretizada, outro jogador bate palmas uma vez, a cena é "congelada" e este jogador entra no círculo e exclui um dos que estavam em cena. A continuidade é liderada, em um primeiro momento, pelo jogador que entrou em cena.

Tocou, passou!

O grupo estará em círculo, e um jogador é escolhido para estar no centro dele. Os jogadores certificam os demais integrantes pelo olhar, sendo uma estratégia importante para o trabalho em grupo. O jogador "central" escolhe um jogador, para em frente a ele e realiza uma ação qualquer, sem pensar muito. O jogador escolhido terá uma reação espontânea, consequência da ação recebida. A atividade continua enquanto houver motivação dos participantes.

Referências

CHACRA, S. *Natureza e sentido da improvisação teatral*. São Paulo: Perspectiva, 2007.

JAPIASSU, R.O.V. Jogos teatrais na escola pública. *Revista da Faculdade de Educação*, vol. 24, n. 2, jul.-dez./1998, São Paulo.

SILVA, T.A.C. & GONÇALVES, K.G.F. *Manual de lazer e recreação –* O mundo ao alcance de todos. 2. ed. São Paulo: Phorte, 2017.

SPOLIN, V. *Improvisação para o teatro*. São Paulo: Perspectiva, 2006.

Brincadeiras historiadas

Cristiano dos Santos Araújo

O brincar de faz de conta ou jogo simbólico faz com que as crianças viagem para o mundo da imaginação; este brincar, que traz em sua estrutura a narrativa de história e que faz assimilação das atividades diárias, assume uma posição primordial na formação social dos indivíduos, uma vez que é através da imitação que passa-se a perceber a diferença entre o "eu" e o outro, aproximando o brincar da realidade por eles vivida, dentro e fora do ambiente escolar e, portanto, acabam sendo ferramentas enriquecedoras no processo de formação de suas identidades.

Atrelar o brincar à história auxilia a criança no processo de aquisição de novas palavras, memorização, imaginação e ajuda a entender posições que são ocupadas na sociedade, e qual a sua função dentro desse contexto social, assimilando e entendendo as regras de convivência impostas socialmente a partir desse mundo imaginário criado por ela no brincar.

A brincadeira de faz de conta, "também conhecida como simbólica, de representação de papéis ou sociodramática, é a que deixa mais evidente a presença da situação imaginária. Ela surge com o aparecimento da representação e da linguagem, em torno de 2/3 anos, quando a criança começa a alterar o significado dos objetos, dos eventos, a expressar seus sonhos e fantasias e a assumir papéis presentes no contexto social" (KISHIMOTO, 2003, p. 39).

Nesse contexto, este tipo de brincadeira, ao ser utilizado pelo educador, aproxima a aprendizagem do mundo momentâneo da criança, uma vez que é através da fantasia que a criança começa a ressignificar este meio social onde vive. Kishimoto (2015) nos clareia o pensamento sobre este perfil de jogo: "Com o aparecimento do jogo simbólico a criança ultrapassa a simples satisfação da manipulação. Ela vai assimilar a realidade externa ao seu eu, fazendo distorções ou transposições. Da mesma forma, o jogo simbólico é usado para encontrar satisfação fantasiosa por meio da compensação, superação de conflitos, preenchimento de desejos. Quanto mais avança em idade, mais caminha para a realidade".

Esta categoria de jogo é para a criança uma ferramenta para aprender a lidar com situações cotidianas, ainda que não satisfatórias; no brincar, ela assume papéis para lidar com ações que com ela acontece e que a rodeiam; dessa maneira, vai entendendo e reconhecendo os diversos papéis assumidos socialmente.

Ao brincar de casinha, reconhece e entende a função de cada integrante de sua casa; ao brincar de dirigir um carro, representa com fidelidade ações que são feitas pelos condutores que com ela passeiam, entre outros. Neste brincar conseguimos, a partir de um olhar apurado, perceber como ela se relaciona com esse meio e se reconhece parte de sua cultura.

Ainda podemos perceber em Dantas (1998): "a imaginação não cria nada que não seja tomada de experiência vivida". Para Macedo (2005), o lúdico torna-se simbólico e amplifica as possibilidades de assimilação do mundo.

E é neste princípio que nos apegamos para desenvolver esta categoria de brincadeira, onde utilizamos das representações infantis, unindo histórias atreladas ao movimento; portanto, nas *brincadeiras historiadas* a criança terá a possibilidade de fantasiar, sentir, refletir, assimilar, expressar suas vontades, reconhecer-se e reconhecer o outro nesse ambiente de satisfação e descontração propiciado pela ação de brincar.

A seguir entregaremos a você, educador, algumas possibilidades de brincar para que a assimilação do texto lido seja facilitada e que a transposição para a prática seja feita de forma eficaz e assertiva.

Repertório

Mustafá

O educador inicia contando a história das múmias do Egito e deve enfatizar que todas agora estão no museu, e que neste museu existe uma múmia que é pegadora, e se chama MUSTAFÁ.

Depois de contada a história, deve-se escolher dentro do grupo alguém para ser o MUSTAFÁ; este, por sua vez, deve ser colocado em uma das extremidades do espaço destinado ao jogo.

No lado oposto ao Mustafá estarão as demais pessoas do grupo, e logo devem gritar a seguinte frase: "Mustafá, quantos eu vou dar? Um, dois, três!"

Mustafá então deve responder a quantidade de passos e atrelar ao movimento de algum animal. Por exemplo: dois passos de elefante, um passo de formiga etc.

Quando achar que as crianças já estão próximas, deve responder da seguinte maneira: "Nenhum, porque agora sou eu que vou pegar".

Dito isso, deve sair em disparada para pegar alguém; quem for pego, troca de lugar com Mustafá. O jogo deve continuar enquanto houver interesse do grupo.

Quatro cantos da floresta

O educador deve previamente dividir o espaço destinado para o jogo em quatro cantos, e no meio desse espaço deve ter um lugar para o caçador.

O grupo deve receber aleatoriamente o nome de um bicho que valerá durante uma rodada; os bichos serão designados para os quadrados aleatórios, espalhados bichos diferentes nos quatro quadrados.

O caçador então deve começar uma história: "Estava passeando pela floresta quando avistei longe um lindo animal" (neste momento, deve falar um nome de um dos bichos que estão no quadrado).

O bicho que foi mencionado deve trocar de quadrado no sentido anti-horário; quem for pego no trajeto, passa a ser caçador junto com o caçador inicial.

Os caçadores retomam a história e chamam outro bicho. O último a ser pego iniciará a próxima rodada como caçador.

Mexe, mexe, mexe o caldeirão

Material: caldeirão e um chapéu de bruxa.

O educador deve iniciar a brincadeira fazendo junto com o grupo uma poção mágica, colocando dentro de um caldeirão: asas de barata, pernas de aranha, bigode de gato, permitindo que as crianças escolham algumas coisas para serem colocadas dentro do caldeirão.

Depois desse movimento todos devem cantar:

> Mexe, mexe, mexe o caldeirão (2x).
> Quem tomar dessa poção vai virar um leão.

Devem então caminhar pelo espaço imitando um leão. Retoma-se o jogo a partir da música, trocando-se o personagem que será imitado. O jogo deve continuar enquanto houver interesse do grupo.

História das cores

Material: Prendedores de cores variadas.

O facilitador deve espalhar no cento do espaço destinado ao jogo os prendedores de cores variadas aleatoriamente.

Em seguida, deve explicar ao grupo que vai contar uma história e, sempre que aparecer uma das cores que ele falou em um dos personagens, as crianças devem correr e pegar o prendedor da cor falada em 3 segundos. Inicia-se a história:

> Era uma vez uma cidade linda cheia de cores: animais coloridos, casas feitas de doces coloridos, as nuvens lindas com cores jamais vistas em outros lugares... Enquanto eu caminhava nessa cidade, fui encontrando diferentes cores em objetos e lugares.
>
> Estava caminhando pela calçada quando notei vindo de longe, já cansada, uma linda mulher que usava um vestido azul (neste momento, as crianças devem correr e pegar o prendedor na cor azul; o educador, por sua vez, deve contar em voz alta "um, dois, três", e dizer: "Quem pegou, pegou, quem não pegou não pega mais").

Em seguida, deve voltar à história:

> Continuando minha caminhada, encontrei com um lindo cachorro que comia um pedaço de fruta na cor amarela (novamente as crianças devem fazer o mesmo movimento).

O educador deve continuar a história até que todos os prendedores sejam recolhidos. Vence quem terminar com o maior número de prendedores.

A galinha e os pintinhos

O educador deve previamente escolher dentre o grupo um jogador para ser a "galinha" protetora dos pintinhos e um jogador para ser a "raposa" pegadora; os demais participantes assumem a função de pintinhos e terão que ir de encontro à galinha.

A galinha deve se colocar posicionada em uma das extremidades e os pintinhos na outra; no centro desse espaço encontra-se a raposa. A galinha então começa o jogo dizendo:

> Galinha: "Meus pintinhos venham cá!"
> Pintinhos: "Não! Temos medo da raposa."
> Galinha: "Ela não faz mal."
> Pintinhos: "Faz sim!"

Nesse momento a galinha deve começar a oferecer diferentes alimentos (miojo, sorvete, macarrão), mas quando ela falar milho, as crianças devem atravessar e ir de encontro à galinha. A raposa, por sua vez, deve tentar pegar um dos pintinhos. Quem for pego passa a auxiliar a raposa. Quem não for pego, aguarda no local onde estava localizada a galinha, que irá atravessar o espaço e reiniciar sua exclamação.

A galinha não pode ser pega pela raposa, tendo passagem livre pelo espaço, para poder trocar de lado. Quem não for pego, inicia a próxima rodada como "galinha" e a segunda pessoa que ficou por último será a nova "raposa".

Referências

KISHIMOTO, T.M. *O jogo e a educação infantil.* 9. ed. São Paulo: Cengage Learning, 2015.

_____. *O jogo e a educação infantil.* São Paulo: Pioneira, 2003.

MACEDO, L.; PETTY, A.L.S. & PASSOS, C.N. *Os jogos e o lúdico na aprendizagem escolar.* Porto Alegre: Artmed, 2005.

SILVA, T.A.C. & ARAÚJO, C.S. *Bora brincar* – Um convite à brincadeira. São Paulo: All Print, 2017.

 Assista a videoaula do autor!

Jogos tradicionais infantis

Mérie Hellen Gomes de Araújo da Costa e Silva

Na atual sociedade, grande parte dos jogos tradicionais infantis, como amarelinha, barra manteiga, pular corda, entre outros, que seduzem várias gerações de crianças, estão diminuindo sua intensidade como prática social e vem desaparecendo devido a alguns fatores, como a diminuição do espaço do brincar, a rápida ascensão dos jogos eletrônicos e da WEB na vida das pessoas, bem como as transformações urbanas, onde ruas e praças deixaram de ser espaços livres para o brincar.

O mundo infantil não pode ser descrito, investigado, sem que se faça referência ao brincar e, neste caso, também aos seus respectivos objetos – os jogos e as brincadeiras. A sua presença é tão constante em todas as culturas que nos faz reconhecer a existência de predisposições biológicas para esta atividade, conforme Pontes et al. (2008).

Para Friedmann (2006), o brincar e o jogar tornaram-se objeto de estudo sob diversos prismas. Não existe uma ideia universal a respeito, mas inúmeras teorias úteis para o conhecimento de aspectos particulares do comportamento lúdico.

As brincadeiras e os jogos durante o século XX passaram por mudanças significativas, como: a redução do espaço físico, por consequência do crescimento dos centros urbanos e da falta de segurança; a diminuição do tempo disponível à estimulação lúdica; a expansão da indústria, que passou a oferecer brinquedos mais atraentes e vinculados ao consumismo, influenciados pela propaganda e mídia televisiva (FRIEDMANN, 2006).

A análise do jogo é realizada a partir da imagem da criança presente no cotidiano de uma determinada época. A imagem da criança e do seu brincar se dá na observação do seu respectivo contexto social, da educação na qual é submetida e o conjunto de suas relações sociais, segundo Kishimoto (2010). Essas características possibilitam notar a interatividade e a heterogeneidade de ações dotadas por uma criança que vive com intensidade todas as suas oportunidades e sentimentos, como a imagem das crianças de engenho no início do século XX.

O lúdico acompanha a vida de todas as pessoas, desde o nascimento até a velhice. As ações lúdicas, por meio dos jogos e brincadeiras, são essenciais para a descoberta de um mundo existente no imaginário e na realidade de cada pessoa, possibilitando uma vivência única, exclusiva e inédita, o que favorece o desenvolvimento humano daqueles que brincam, segundo Silva e Pines Junior (2013a).

Desde os primórdios da civilização, o brincar é uma atividade das crianças e dos adultos. As crianças participavam de festividades, lazer e jogos de adultos, mas tinham, ao mesmo tempo, um ambiente separado para a prática dos jogos. Estes ocorriam em espaços públicos e livres, sem a supervisão do adulto, em grupos de crianças de diferentes idades e gêneros (VELASCO, 1996).

Em linhas gerais, as ações lúdicas contempladas na forma de brincadeiras e jogos são contempladas de forma individualizada ou coletiva por suas regras e identidades – recorrência, conflito e tradição. Com tantas variáveis é comum que os participantes, no início do jogo, estejam na fase de entendimento e compreensão delas. Depois de certo tempo de prática, o jogo começa a fluir com mais espontaneidade e naturalidade (PINES JUNIOR & SILVA, 2017).

Jogos tradicionais infantis – Infância e cultura

Os jogos tradicionais estão na área temática – jogo –, e são manifestações culturais situadas no folclore e presentes no cotidiano da criança.

O jogo tradicional é um tipo de jogo livre, espontâneo, no qual a criança brinca pelo prazer de fazer. Por pertencer à categoria de experiências transmitidas espontaneamente conforme motivações internas da criança, ele tem fim em si mesmo e preenche a dinâmica da vida social, permitindo alterações e criações de novos jogos, para Kishimoto (1993). E assim está sempre em transformação, incorporando criações anônimas das gerações que vão se sucedendo (KISHIMOTO, 2010).

O folclore infantil serve como veículo de transmissão de elementos culturais, uma vez que os elementos folclóricos da cultura infantil são aprendidos na rua e provêm da cultura dos adultos (FRIEDMANN, 2006).

Os jogos e as brincadeiras tradicionais são uma forma especial da cultura folclórica, que se opõe à cultura escrita, oficial e formal. Anonimamente criadas e modificadas num processo de esforço coletivo, elas são a produção espiritual do povo acumulada através dos tempos, ainda segundo Friedmann (2006).

Os jogos tradicionais infantis são provenientes dos romances, rituais religiosos, contos e místicos abandonados pelo mundo adulto, segundo Silva e Gonçalves (2017).

A concepção dos jogos tradicionais tem ligação com alguns aspectos mágico-religiosos. Alguns brinquedos tradicionais muito antigos foram introduzidos inicialmente em forma de cultos, tais como a bola, o arco e a pipa. E com a capacidade de criação e imaginação, as crianças foram transformando-os em objetos das suas brincadeiras (BRUHNS, 1993).

Os jogos tradicionais infantis fazem parte da cultura popular e apresentam estreita relação com o folclore, expressam a produção de um povo em uma determinada época e sempre estão em transformação, incorporando as criações anônimas de geração para geração. Possuem as características de anonimato, tradicionalidade, transmissão oral, conservação, mudança e universalidade. Como os jogos tradicionais são transmitidos pela oralidade, cria-se uma dificuldade em rastrear a origem de muitos deles. Seus conteúdos provêm de práticas abandonadas por adultos, de fragmentos de romances, poesias, mitos e rituais religiosos (KISHIMOTO, 1993).

Durante a vivência de jogos tradicionais é percebida a marca da cultura. O avô brincou, o pai aprendeu e ensinou ao filho. Nessa transmissão, algumas coisas vão sendo modificadas, tais como o nome e o sentido da brincadeira ou suas regras, precisando ser compreendida, resgatada e ressignificada aos dias atuais (TEIXEIRA, 2006).

Os brinquedos, brincadeiras e jogos eram tratados, antigamente, como atividades para ambos os gêneros, não restringindo a participação num ambiente coletivo ou individual. As atividades eram transmitidas dos adultos às crianças por meio da oralidade, mantendo as tradições e a essência daquele jogo transmitido, podendo ser modificado ou alterado quando introduzido em diferentes culturas e realidades, segundo Silva e Gonçalves (2017).

O jogo tradicional infantil e suas referências

Quais são as principais influências culturais nos jogos e brincadeiras tradicionais acontecidas no cotidiano da criança brasileira?

Diversos estudos destacam a determinação das origens brasileiras na mistura de três raças ou na assimilação progressiva, nos primeiros séculos, das raças vermelha e negra pela raça branca, na figura dos portugueses colonizadores (KISHIMOTO, 1993).

A mistura do povo nativo – indígenas aos africanos e europeus – prevaleceu sobre um núcleo primário para a formação da nação brasileira, para Silva et al. (2013). Posteriormente, continuou o cruzamento com povos europeus e asiáticos, produzindo a grande heterogeneidade da composição populacional de hoje em dia, segundo Kishimoto (2010).

A influência portuguesa nos jogos tradicionais infantis

A influência portuguesa está nas raízes históricas da colonização brasileira, quando, em 1500, os portugueses desembarcaram numa nova e prometida terra.

Veio com os primeiros colonizadores o folclore lusitano, incluindo os contos, histórias, lendas e superstições que se perpetuaram pelas vozes das negras (KISHIMOTO, 2010).

Para exemplificar, temos a mula sem cabeça e o bicho-papão, que são folguedos da Península Ibérica trazidos pelos portugueses e espanhóis ao Brasil. A presença dos personagens nas estórias virou participação essencial em jogos, como o Jogo do Papão, que consiste em fazer 3 buracos no chão, formando um triângulo, e quem conseguir dar 3 voltas será o papão, que terá imunidade e será responsável em matar seus adversários (KISHIMOTO, 1993). Os jogos tradicionais

212

como bolinhas de gude, pião, jogo de botão, amarelinha e 5 marias (ossinhos) têm origem portuguesa.

Os colonizadores portugueses trouxeram a tradição portuguesa para referenciarem seus costumes e culturas, como: o Lobisomem, a Maria Sabida, todo o acervo de estórias de bruxas, fadas, gigantes, príncipes e castelos, para Cascudo (1984).

Como exemplo dessa inspiração lusitana nas brincadeiras, provavelmente as estórias de bruxas estimularam as brincadeiras de perseguição (pega-pega), onde um dos participantes do grupo era escolhido para ser o pegador (bruxa) e deveria contar até 20 ou 30, e quando a bruxa encostasse em algum outro jogador, ele seria substituído por uma nova bruxa.

A influência africana nos jogos tradicionais infantis

A chegada da corte portuguesa ao Brasil trouxe, possivelmente, a presença de negros em suas embarcações para o serviço escravo. A chegada dos negros ao Brasil não tem data precisa, por falta de comprovação em documentos, mas o Brasil possui atualmente profunda influência dos negros em todos os setores da vida econômica.

Existe uma grande dificuldade em especificar a contribuição de cada elemento do folclore brasileiro, uma vez que os registros históricos, bem como as intervenções dos diferentes povos no cotidiano social, apresentam diferentes "precisões" das ações.

Pelos referenciais históricos, nos primeiros engenhos de cana-de-açúcar já existia os negros vindos da África. Ocuparam posição de trabalho escravo devido à resistência dos indígenas nativos em assumir tais "postos de trabalho".

Entre os séculos XVI e XVIII, os africanos entraram no Brasil para substituir o trabalho indígena. A escravidão dos africanos referendada por leis portuguesas facilitou esse empreendimento (KISHI-MOTO, 2010). É difícil proceder a quantidade e a possível origem dos africanos que vieram para o Brasil; nota-se que sua grande maioria veio de países como Congo e Angola.

Para Cascudo (2001), a transmissão dos costumes e brincadeiras são postulados como o contato entre crianças de diferentes culturas que brincaram juntas no período de colonização. O contato entre amas, crianças brancas e filhos de escravos contribuiu para a transmissão e difusão de costumes por meio da educação. O filho do branco, "o sinhozinho", era educado para a dominação hereditária do império de engenho. O negrinho, menino endiabrado desde cedo, estava na lista como um escravo potencial. No brincar, registram-se retratos de dominação e expropriação do mais frágil, como o menino negro que, na falta de um animal de verdade, servia de cavalo para o branco (CARDOSO, 2004).

Um hábito bastante comum nas casas-grandes era o de colocar à disposição do sinhozinho 1 ou 2 crianças negras como companheiros de atividade. As brincadeiras da criança branca com as negras eram sistematizadas para reproduzir a rotina da vida social onde os adultos brancos tinham dominação sobre os negros; sendo assim, no jogo infantil, o menino negro era posto como "leva-pancada", servindo de cavalinho de montaria, bem como meios de transporte.

O folclore africano, cheio de estórias de bichos, repletos de animismo, influenciou as crianças negras nos engenhos de açúcar na época da escravidão, que brincavam de faz de conta destacando as atividades do cotidiano, o patriarcalismo e o rude sistema de transporte. A cultura infantil preserva as brincadeiras com tais influências: chicotinho, quente e frio, batata quente e jogo do belisco (KISHI-MOTO, 1993).

Quando as crianças brincavam de negro fugido e sinhozinho pegador, demonstravam a simulação dos significados propostos para cada participante, criando uma simbologia existente para tal ação, representando o antagonismo entre a escravidão negra e a vida de engenho. Tal simbologia permitia caçar os negros fugitivos dos engenhos. E aí inspirou-se as brincadeiras de perseguição.

Não somente as brincadeiras "violentas" estavam presentes no cotidiano das crianças negras e brancas; os jogos simbólicos também faziam parte desse mundo, como as brincadeiras de bonecas que simulavam a vida familiar, onde a criança branca seria a dona de casa, e a negra a criança dominada. Portanto, essas brincadeiras funcionavam como meio de entender as relações de dominação social da época.

As mães africanas modificaram as canções de ninar de origem portuguesa e, em vez do papão, surgem o saci-pererê, a mula sem cabeça, as almas penadas, a cuca, o boitatá, o lobisomem, sendo contadas às crianças choronas das casas-grandes e senzalas. A linguagem infantil também foi enternecida pela ação da ama negra, que reduplicou a sílaba tônica, dando às palavras um especial encanto: cacá, pipi, bumbum, dindinho, mimi, neném, dodói, tatá (BERNARDES, 2005).

Entender as influências significativas dos negros na cultura lúdica infantil é compreender as trocas e experiências sociais vivenciadas num período de subordinação e hierarquização dos sujeitos.

A influência indígena nos jogos tradicionais infantis

Por fim, antes da chegada dos negros e portugueses ao país existia um povo nativo no tão desconhecido Brasil – os índios, que também influenciaram a formação e o desenvolvimento dos jogos tradicionais.

A organização indígena retrata na sociedade brasileira um sistema familiar centralizado na mãe, sendo esta detentora de competências que permanecem até os dias de hoje, como a influência direta na culinária brasileira com o uso de temperos caseiros e a prática do cultivo de alimentos pela agricultura, como mandioca, milho e amendoim.

O predomínio de brincadeiras junto à natureza, nos rios, em bandos, é outra característica do modo de brincar indígena, para Kishimoto (2003).

Cascudo (2001) constata que, entre os séculos XVI e XVII, os meninos indígenas, desde cedo, brincavam de arcos, flechas, tacapes – propulsores que compunham o arsenal guerreiro dos adultos. O divertimento natural era imitar os gestos e atitudes dos pais, caçando animais, abatendo aves pequenas e pescando de todas as maneiras, inclusive apanhando com as mãos os peixes à vista. Essas brincadeiras não eram simples passatempo, mas atividades educativas que os preparavam para a vida adulta, formando o futuro caçador e pescador. As meninas, desde pequenas, acompanhavam e auxiliavam suas mães nas tarefas domésticas, tais como: cozer a mandioca (o aipim), o cará, fazer a farinha, trazer e colher os legumes das roças, cuidar dos irmãos menores, a quem carregam às costas numa tipoia. Elas não tinham muito tempo livre para o lúdico.

As crianças indígenas se divertem em jogos imitando figuras e vozes de animais, como: os jogos do jacami, do gavião, peixe pacu, jaguar. O jogo de peteca era bastante apreciado, inclusive pelos adultos, sendo confeccionada com palha de milho e enfeitada com penas de aves. Com fios entrelaçados nos dedos das mãos, os curumins constroem imagens que representam situações de seu cotidiano: peixes, tamanduá-bandeira, arria, a lua. Brincadeira só de meninos, podendo ser realizada individualmente ou no máximo com duas crianças (CASCUDO, 2001).

Para Herrero et al. (2006) o brincar indígena não é só coisa de criança, mas é próprio da vida adulta. Há brincadeiras comuns, em que meninos e meninas participam juntos, e outras específicas, só de meninos, ou de homens, como são as danças e os jogos de lutas, nos quais o mérito está na participação e na apresentação, tão somente. Jogos tradicionalmente indígenas são o esconde-esconde e a peteca, provenientes de tribos tupis do Brasil.

Repertório

Cabra-cega

Um jogador, com a venda nos olhos, será a cabra-cega. As crianças estarão em roda e a cabra-cega ao centro. Ele deverá ser girado por algumas vezes e deverá tocar em outra criança. Quem ele tocar, será a próxima cabra-cega. A atividade acontece num espaço combinado previamente, de preferência pequeno. O jogo continuará em ação enquanto houver motivação por parte dos jogadores.

Cabo de guerra

Os jogadores serão divididos em dois grupos, com o mesmo número de participantes. Cada grupo irá segurar em uma metade da corda. Ao sinal de início, cada grupo deverá puxar a corda para o seu lado. Será declarado vencedor aquele que no tempo preestipulado conseguir puxar mais a corda para o seu lado. A atividade poderá ser repetida por uma ou duas vezes. É essencial que o educador faça a divisão das equipes de forma justa e equilibrada.

Boca de forno

Um dos jogadores será escolhido para ser o mestre e dará algumas missões para os demais participantes:

Mestre diz: "Boca de forno!"
Todos: "Forno!"
Mestre: "Tirando bolo!"
Todos: "Bolo!"
Mestre: "O mestre mandou dizer que (incluir uma tarefa)".

Ao cumprirem com a missão, troca-se o mestre. A brincadeira continuará em ação enquanto houver motivação por parte dos jogadores.

Gol a gol

Um campo de jogo é dividido em duas partes iguais. E cada jogador ficará em um gol. O objetivo do jogo é marcar gol no adversário chutando em seu campo. Se a bola chutada bater no travessão ou trave, deverá ser batido um pênalti. Se a bola sair pela lateral, será cobrado um chute direto de onde saiu. Podem ser 2 gols ou 10 minutos de jogo. O vencedor continuará no próximo jogo com outro jogador.

Chicotinho queimado

Os jogadores estarão em roda e entoarão a música do jogo:

Chicotinho queimado
Vale dois cruzados
Quem olhar para trás
Toma chicotada.

Um jogador estará do lado de fora da roda e deverá esconder um graveto atrás de alguém, sem que seja notado. A criança que teve o graveto escondido deverá levantar e pegar quem o escondeu, e este deverá sentar-se no lugar dessa, que o perseguirá.

Vaca amarela

Todos os jogadores deverão recitar a música abaixo, e assim ficar em silêncio ao seu final. Quem falar algo perderá o jogo.

Vaca amarela pulou a janela
Fez cocô na panela
Mexeu, mexeu, mexeu
Quem falar primeiro come todo o cocô dela
Um, dois, três, cala a boca japonês
Chinês, fecha os olhos de uma vez.

Referências

BERNARDES, E.L. Jogos e brincadeiras – Ontem e hoje. *Cadernos de História da Educação*, n. 4, jan.-dez./2005, São Paulo.

BRUHNS, H.T. *O corpo parceiro e o corpo adversário*. Campinas: Papirus, 1993.

CARDOSO, S.R. *Memórias e jogos tradicionais infantis* – Lembrar e brincar é só começar. Londrina: Eduel, 2004.

CASCUDO, L.C. *Dicionário do folclore brasileiro*. 11. ed. São Paulo: Global, 2001.

_____. *Literatura oral do Brasil*. 3. ed. São Paulo: Itatiaia, 1984.

FRIEDMANN, A. *O desenvolvimento da criança através do brincar*. São Paulo: Moderna, 2006.

HERRERO, M. et al. *Jogos e brincadeiras do povo Kalapolo*. São Paulo: Sesc, 2006.

KISHIMOTO, T.M. *Jogos tradicionais infantis* – O jogo, a criança e a educação. 16. ed. Petrópolis: Vozes, 2010 [2. ed.: 1993].

PONTES, F.A.R.; BICHARA, I.D. & MAGALHÃES, C.M.C. Algumas questões sobre a descrição de brincadeiras e jogos de rua. In: BOMTEMPO, E.; ANTUNHA, E.G. & OLIVEIRA, V.B. (orgs.). *Brincando na escola, no hospital, na rua...* Rio de Janeiro: WAK, 2008, p. 173-189.

SILVA, T.A.C. & GONÇALVES, K.G.F. *Manual de lazer e recreação* – O mundo lúdico ao alcance de todos. 2. ed. São Paulo: Phorte, 2017.

SILVA, T.A.C. & PINES JUNIOR, A.R. *Jogos e brincadeiras* – Ações lúdicas nas escolas, ruas, festas, parques e em família. Petrópolis: Vozes, 2017.

_____. *Jogos temáticos* – Coletânea de atividades baseada na literatura brasileira. Vol. 1 – *A Arca de Noé*, de Vinicius de Moraes. São Paulo: All Print, 2013.

SILVA, T.A.C.; SILVA, M.H.G.A.C. & PINES JUNIOR, A.R. Jogos populares no Brasil – A transmissão da diversidade cultural por meio do brincar. *Conferência Internacional Interfaces da Lusofonia*. Braga: Universidade do Minho, 2013, p. 132 [Livro de Resumos].

TEIXEIRA, A.H.L. Quem ganha fica? Jogos e brincadeiras na escola. *Revista Digital Ef. Deportes*, vol. 11, n. 101, out./2006, Buenos Aires.

VELASCO, C.G. *Brincar* – O despertar psicomotor. Rio de Janeiro: Sprint, 1996.

Brincadeiras de ginástica artística e rítmica

Aline Diane de Freitas Zumba Rodrigues

O termo "ginástica" vem do grego *gymnádzein*, que significa "exercitar-se nu". Com isso, foi dado o nome de ginástica às atividades físicas feitas ao ar livre cujo fim era manter-se ágil para a sobrevivência, tanto na pré-história para manter-se vivo quanto para preparação militar para manter-se ágil para as guerras (NUNOMURA, 2008).

Nunomura et al. (2009) ponderam que, atualmente, a ginástica é vista como uma atividade física completa, pois desenvolve as várias capacidades físicas, como resistência, força, velocidade, agilidade, equilíbrio, flexibilidade e coordenação motora, que são fundamentais para o bom desenvolvimento humano.

A ginástica também desenvolve no ser humano sua capacidade intelectual (com seus movimentos mais complexos) e sua afetividade, pois, mesmo sendo uma atividade mais individualizada, ela é executada em grupo, assim trabalhando as suas limitações e as do próximo (NUNOMURA et al., 2009).

Tendo em vista todos os seus aspectos corporais e educacionais, como podemos aplicar essa modalidade na escola, levando em consideração que a ginástica artística é uma modalidade que requer aparelhos grandes e específicos, além de sua compra e manutenção serem caras, e que aparelhos da ginástica rítmica são mais baratos e de fácil adaptação, porém mais difíceis de serem achados?

Podemos utilizar os movimentos básicos de solo da ginástica artística associando-os a aparelhos adaptados (confeccionados) da ginástica rítmica, para assim termos uma melhor facilidade em desenvolver as duas modalidades, já que os movimentos de solo da ginástica artística são parecidos com os da ginástica rítmica.

Para Araújo (2003) a ginástica possui alguns movimentos básicos. São eles:

• Equilíbrios (avião e Y).

• Saltos (estendido, grupado, afastado e carpado).

• Flexibilidades (ponte e espacates).

• Noção espacial (rolamentos, estrelas e reversões).

• Força (vela, parada de cabeça, parada de mãos e oitava).

• Coordenação (rondada, quipe de cabeça, flic-flac).

• Agilidade (movimentos combinados como estrela reversão, rondana flic-flac, rondada mortal para trás etc.).

Estes movimentos podem ser explorados para ampliar o repertório motor dos alunos, possibilitando um avanço gradual, seguindo uma sequência pedagógica de dificuldades dos elementos, partindo do mais simples para o mais complexo.

Por ter uma proposta educacional, pode-se pensar na elaboração de coreografias demonstrativas, para que os pais e a comunidade possam vislumbrar o trabalho feito com a ginástica na escola. Essas coreografias podem ser apresentadas em diversos momentos, como em datas comemorativas e festas de encerramento de semestre/ano.

Como foi dito anteriormente, os aparelhos da ginástica rítmica (bola, arco, maça, fita e corda) possuem um custo mais baixo do que os aparelhos da ginástica artística (argolas, barras paralelas, barras assimétricas, barra fixa, cavalo com alça, mesa de salto, trave e solo), além de sua adaptação ser mais fácil. Isso justifica a utilização da primeira modalidade nas escolas, posto que muitas vezes os recursos financeiros são escassos.

Tendo em vista que os elementos ginásticos possuem uma complexidade considerável, que exige que o praticante realize várias repetições para executá-los, isso pode tornar a prática maçante, desestimulando os praticantes. Por conta disso, é considerável pensar em uma proposta que trabalhe a ginástica de forma lúdica, para que os alunos se sintam estimulados a continuar praticando. Dessa forma, este e-book traz propostas de atividades em forma de brincadeiras, jogos e circuitos, visando maximizar a participação dos alunos em suas aulas.

Repertório

Um passo de garrafa

Ideia central: é saber quem consegue ser mais rápido e ser o próximo condutor da brincadeira.

Competências e valores: oportuniza o desenvolvimento da noção espacial, coordenação de alguns saltos ginásticos, equilíbrio e agilidade.

Faixa etária sugerida: 7 a 12 anos.

Participação: grande grupo.

Material: nenhum.

É escolhido quem será o líder. Desenha-se 2 linhas paralelas no chão separadas por uns 5m de distância. Os participantes param atrás

de uma linha e o condutor se situa de costas para eles na outra linha.
Então o condutor diz que tipo de passos ele deseja:

- Passo de gigante: um salto espacate (como se fosse saltar uma poça de água).
- Passo de formiga: três passinhos na meia-ponta.
- Passo de pulga: salto grupado.
- Passo de garrafa: giro de 360° (giro completo).

Depois de cada passo solicitado, o condutor vira-se para saber onde os participantes estão; em seguida, volta a dar as costas e ordena outro passo a ser executado. Quando um participante chegar bem perto do condutor e tocar os seus ombros, então ele sairá perseguindo todo o grupo. Se conseguir pegar alguém antes de chegar à linha de saída, quem for pego passará a ser o novo condutor da brincadeira.

Variações: pode-se trocar o que cada passo será. Exemplo: passo de formiga ao invés de ser 3 passinhos, pode-se fazer o salto afastado.

Ritmo de olhos vendados

Ideia central: fazer com que os alunos ajudem o amigo a encontrar o objeto.

Competências e valores: oportuniza o desenvolvimento da noção espacial, noção de ritmo e equilíbrio.

Faixa etária sugerida: 7 a 12 anos.

Participação: grande grupo.

Material: uma venda e um objeto qualquer.

É escolhido um aluno que ficará de olhos vendados. O professor esconderá um objeto no espaço predeterminado. Os outros alunos estarão espalhados pelo espaço e ajudando o amigo vendado mediante palmas; se perto do objeto, palmas mais rápidas; estando longe do objeto, palmas mais vagarosas. Quando o aluno achar o objeto, troca-se o aluno vendado.

Variações: ao invés de um aluno vendado podem ser dois, aumentando assim a dificuldade tanto dos alunos vendados quanto dos que estão sentados para ajudar os amigos.

A hélice

Ideia central: saber quem consegue pegar seu amigo sem perder a força.

Competências e valores: oportuniza o desenvolvimento da noção espacial, força e agilidade.

Faixa etária sugerida: 9 a 15 anos.

Participação: grande grupo.

Material: 10 bambolês.

Dois alunos põem um bambolê no chão e colocam os seus pés dentro dele e com as mãos fora do bambolê (como se fossem fazer uma flexão de braço). Esses alunos ficarão de costas um para o outro nessa posição e, ao sinal do professor, um tentará pegar o outro lateralmente, no sentido horário. Se um aluno for pego, deverá pegar seu amigo no sentido anti-horário.

Variações: se não tiver bambolês, pode-se fazer os círculos com giz.

Pega-pega bruxinha e fadinha

Ideia central: pega-pega que, além de desenvolver a agilidade (o correr), trabalha também as competências da ginástica.

Competências e valores: oportuniza o desenvolvimento da noção espacial, flexibilidade e agilidade.

Faixa etária sugerida: 7 a 12 anos.

Participação: grandes grupos.

Material: nenhum.

Os pegadores serão a bruxinha (menina) e o bruxinho (menino), e o salvador será a fadinha (menina) e o mago (menino). Ao sinal, a bruxinha sairá correndo atrás dos outros alunos e ela poderá transformá-los em: vela = fazem a vela da ginástica; em ponte = fazem a ponte da ginástica; ou em árvore = ficam com as pernas afastadas e os braços estendidos ao lado da cabeça (postura de ginástica). A fadinha poderá salvá-los passando por debaixo da ponte e da árvore e assoprando a vela (os pés do amigo).

Obs.: a bruxinha não pode pegar a fadinha.

Variações: pode-se aumentar o número de bruxinhas para aumentar o grau de dificuldade.

Cuidado com o avião

Ideia central: fazer com que o aluno adquira mais equilíbrio nesse elemento.

Competências e valores: oportuniza o desenvolvimento da noção espacial, flexibilidade, equilíbrio e agilidade.

Faixa etária sugerida: 7 a 12 anos.

Participação: grandes grupos.

Material: nenhum.

Ao sinal, o pegador sairá correndo imitando um avião, tentando pegar seus colegas. O aluno que for pego deverá permanecer parado fazendo o avião da ginástica (braços afastados e uma perna elevada); para ser salvo, um colega precisará fazer um giro de 360° na sua frente.

Variações: para aumentar o grau de dificuldade, pode-se mudar o tipo de salto para salvar o colega.

Equilíbrio com latinhas

Ideia central: trabalha a atenção do aluno.

Competências e valores: oportuniza o desenvolvimento da noção espacial, noção corporal, equilíbrio e agilidade.

Faixa etária sugerida: 7 a 12 anos.

Participação: grandes grupos.

Material: latinhas com tampa vazias e cones.

Os alunos estarão dispostos em colunas, e ao sinal do professor eles deverão andar com as latinhas na cabeça, equilibrando-as, dando a volta no cone e voltando para a coluna da seguinte forma: para frente, para trás, em zigue-zague, na meia-ponta, elevando uma perna estendida e depois a outra. Ao cair a latinha da cabeça, deverão retornar ao início. Ganha a coluna que terminar primeiro.

Variações: se não tiver latinhas, pode-se substituí-las por caixinha de fósforos, ou qualquer outro objeto que você tenha disponível.

Figuras acrobáticas

Ideia central: fazer com que os alunos respeitem suas limitações e a dos amigos.

Competências e valores: oportuniza o desenvolvimento da noção espacial, consciência corporal, respeito ao próximo, equilíbrio, agilidade e flexibilidade.

Faixa etária sugerida: jovens.

Participação: grandes grupos.

Material: 20 colchões *sarneiges* e desenhos de 15 figuras acrobáticas.

O professor dividirá os alunos em duplas e os espalhará em círculo sobre os colchões; no centro do círculo colocará a figura acrobática a ser executada; a dupla que fizer a figura mais rápido ganhará o ponto, e a dupla que fizer mais pontos faz com que as outras paguem um mico. **Variações:** dependendo do tamanho do grupo podem ser formados, ao invés de duplas, trios ou quartetos.

Aumenta-aumenta

Ideia central: o aluno que fizer o movimento mais alto ganha a brincadeira.

Competências e valores: desenvolvimento da noção espacial, força, equilíbrio e agilidade.

Faixa etária sugerida: 7 a 12 anos.

Participação: grandes grupos.

Material: 1 colchão gordo e 1 corda elástica.

O professor e um ajudante segurarão a corda na frente do colchão gordo; os alunos deverão estar em fila a mais ou menos 1m de distância da corda. Eles correrão até a corda e farão o movimento do mergulho (ou salto peixe). Conforme todos vão passando, o professor irá aumentando a corda; quem for errando vai sendo eliminado. O ganhador fará com que os outros paguem um mico.

Variação: pode trocar o tipo de salto.

Estafeta da força

Ideia central: o aluno executar o mais rápido possível o movimento determinado para que sua equipe ganhe.

Competências e valores: oportuniza o desenvolvimento da noção espacial, força, equilíbrio e agilidade.

Faixa etária sugerida: 7 a 12 anos.

Participação: grandes grupos.

Material: 6 cones.

O professor dividirá as crianças em 3 equipes, as equipes deverão estar em colunas na frente de um cone e um outro cone deverá estar a mais ou menos 2m de distância do primeiro. Ao sinal do professor, um aluno fará o movimento solicitado, dará a volta em torno do cone e voltará para o final de sua coluna. A equipe que executar o movimento primeiro marca o ponto. A equipe que ganhar escolherá a próxima brincadeira.

Movimentos: vai e volta fazendo o movimento de quadrupedia; vai e volta fazendo carrinho de mão; vai e volta fazendo salto estendido; vai e volta correndo de costas; vai e volta afastando e unindo as pernas; vai e volta fazendo o rolamento lateral; vai e volta imitando o movimento do sapo; vai e volta fazendo o movimento da lebre (mãos e pés saindo alternados do chão); vai e volta imitando o movimento da cobra; vai e volta imitando o movimento do jacaré.

Variações: pode-se variar os movimentos.

O rio das cobras

Ideia central: atravessar o rio sem que as cordas encostem em você.

Competências e valores: oportuniza o desenvolvimento da noção espacial, equilíbrio e agilidade.

Faixa etária sugerida: 7 a 12 anos.

Participação: grandes grupos.

Material: 8 cordas.

Os alunos deverão estar divididos em quintetos e cada quinteto com 2 cordas. Quatro alunos deverão estar com uma corda abaixados, com a distância de um braço, porém as cordas não podem estar paradas; uma das duplas faz o movimento de S com a corda saindo do chão e a outra arrastando a corda no chão; o quinto aluno deverá atravessar o rio sem que nenhuma das cordas toque o seu corpo; se tocar, troca-se o aluno que está atravessando o rio.

Variações: se não tiver um número de cordas suficiente, pode-se atravessar mais de um pelo rio.

Salto de agilidade vertical

Ideia central: o aluno saltar e pegar a bola sem que ela caia no chão.

Competências e valores: oportuniza o desenvolvimento da noção espacial, coordenação de alguns saltos ginásticos, raciocínio rápido, equilíbrio e agilidade.

Faixa etária sugerida: jovens.

Participação: grandes grupos.

Material: colchão gordo, minitramp e qualquer bola.

Os alunos estarão dispostos um atrás do outro; ao sinal do professor, eles sairão correndo e farão o salto que o professor determinar; assim que pularem, o professor joga uma bola e o aluno deverá executar o salto para pegar a bola e devolvê-la ao professor antes de terminar o salto.

Variações: pode ser feito sem utilizar o trampolim e o colchão gordo, só fazer o salto em si, sem pôr os pés no chão ao pegar a bola, que pode ser lançada por um amigo.

Referências

ARAUJO, C. *Manual de ajudas em ginásticas*. Canoas: Ulbra, 2003.

NUNOMURA, M. *Ginástica artística*. São Paulo: Odysseus, 2008.

NUNOMURA, M. et al. Os fundamentos da ginástica artística. In: NUNOMURA, M. & TSUKAMOTO, M.H.C. (org.). *Fundamentos das ginásticas*. Jundiaí: Fontoura, 2009, p. 201-239.

Corpo e movimento

Marília Cristina da Costa e Silva

Por meio dos registros encontrados nas paredes e tetos das cavernas do Período Paleolítico, compreende-se que o homem expressava pelo movimento tristeza, alegria, pedia ou agradecia a caça, a pesca e a colheita, homenageava os deuses, os elementos da natureza, e era por meio do movimento que o homem se comunicava, antes mesmo da palavra existir.

Portanto, a condição humana é corporal; estamos em movimento o tempo todo. Promover um trabalho de refinamento da consciência do movimento possibilita o desenvolvimento da sensibilidade, da imaginação, da criatividade e da comunicação. Os saberes adquiridos por meio de uma experiência artístico-corporal são absorvidos em todo âmbito da vida cotidiana; não há separatividade entre aula e vida social, os conhecimentos passam pelas crianças como experiências que lhes servirão a todo e qualquer momento como repertórios de movimento, como instantes de reflexões e até mesmo tomadas de consciência do corpo em movimento.

Acredito que você já esteve diante de uma criança cheia de energia, que corre, gira, salta, rola e, ainda ofegante, insiste em dizer que quer mais; pois bem, este capítulo é justamente a possibilidade de transformarmos em conteúdo todas essas peripécias infantis, tudo isso que espontaneamente surge ou deveria surgir nos corpos das crianças. Para se aplicar conteúdo específico que explore o movimento da criança de forma prazerosa e divertida, você não precisa ser um exímio bailarino. Mas precisa buscar alguns conhecimentos técnicos de estudos do movimento, e isso pode ser novo para você, mas não hesite em iniciar essa busca.

Importante destacar é a necessidade de expandirmos a compreensão do corpo em movimento apenas como atividade voltada para o condicionamento físico; lembre-se que a primeira linguagem de comunicação foi o movimento e, por isso, devemos fomentar as formas de expressões subjetivas do corpo, bem como das emoções, sensações e intuições. Proponho desenvolver um trabalho que integra por completo todos os elementos constituintes de um ser humano: cinestésico, intelectual, social e emocional, permitindo que, por meio do movimento, a criança possa aprender sobre si mesma, sobre o outro e sobre nós.

Além do mais, os benefícios conquistados por meio da experiência do corpo em movimento são inúmeros, como:

• desenvolver habilidades motoras e não motoras;

• refinar o movimento por meio da consciência de si;

• potencializar a capacidade de coordenação, equilíbrio, força, flexibilidade e resistência cardiorrespiratória;

• promover valores como cooperação, amor, não violência, respeito, humildade, responsabilidade, higiene e gratidão.

Compartilho então algumas balizas que podem orientá-los a criarem experiências do corpo em movimento, independentemente da idade com que você venha trabalhar. Compreenda que este roteiro não é uma receita que deve ser seguida à risca, mas são ferramentas que podem lhe ajudar a criar experiências potentes.

Promova o contato da criança com o próprio corpo, estabelecendo uma conexão consciente com os movimentos naturais e cíclicos do corpo, como respiração e ritmo cardíaco. O trabalho de consciência corporal propõe que a criança organize seu corpo conscientemente a partir do estudo do movimento, que pode ser feito de forma lúdica. O conteúdo de movimentos técnicos pode ser transmitido, porém o interesse maior é instigar a criança a descobrir suas próprias possibilidades de movimento. Este é o resgate do potencial artístico, intelectual e criativo do ser humano. Como facilitador dessas experiências, atente-se não somente ao ensino do movimento técnico e expressivo, mas promova constantemente o exercício da alteridade.

Alguns conteúdos técnicos e expressivos que podem lhe ajudar:

• Premissas Básicas do Movimento: gravidade, energia, respiração, pontos de apoio, espaço interno e espaço externo, projeção e acentos rítmicos corporais.

• Análise do Movimento: O que se move? Como se move? Onde se move? Com quem ou com que se move?

• Ações Corporais Básicas: socar, talhar, pontuar, sacudir, pressionar, torcer, deslizar e flutuar.

• Fatores do Movimento de Rudolf Laban: tempo, espaço, peso e fluência.

Sugiro então algumas atividades, que aqui irei chamar de brincadeiras com o corpo e que podem ser aplicadas em crianças a partir dos 7 anos. Atente-se que elas são apresentadas de forma progressiva, iniciam-se de forma simples e vão tornando-se cada vez mais complexas, isso por que entendo que apenas você poderá saber até onde pode desenvolver a atividade com a sua turma, e não hesite em fazer adaptações ou reformulações se for preciso. Lembre-se de adequar a comunicação de acordo com a faixa etária; as imagens são muito bem-vindas, explorando dessa maneira a subjetividade da criança.

Repertório

Movimento gestual – Apresentação

Em roda, as crianças irão se apresentar por meio dos gestos. O facilitador começa por ilustrar o que deverá ser feito, utilizando movimentos gestuais como coçar a cabeça ou colocar a mão na cintura; desta maneira, as crianças serão estimuladas a criar seus próprios movimentos a partir de um repertório conhecido do cotidiano. Em seguida, proponha movimentos mais complexos, como, por exemplo, estender os braços para o alto e descer sinuosamente. A intenção desta atividade é estimular a criatividade da criança, permitindo que ela crie seus próprios movimentos. Pode-se utilizar diferentes estímulos sonoros, pois cada uma irá gerar uma resposta corporal.

Sensibilização corporal – Massagem com algodão

Material: bolinhas de algodão.

Esta é uma atividade sensível e exige do facilitador atenção na condução. Apresentar a brincadeira dizendo ser um momento de relaxamento, em que iremos cuidar uns dos outros. Escolha uma trilha sonora tranquila e leve. Após organizar as crianças em duplas, distribua uma bolinha de algodão para cada uma; uma criança irá ficar em pé com os olhos fechados e a outra passará o algodão em seu corpo, conforme a orientação do facilitador (mãos, pés, testa, e assim por diante). Em um primeiro momento apenas receber a massagem, e, no segundo momento, movimentar a região do corpo em que sente o algodão. Esta brincadeira pode evoluir para que todos se movimentem pelo espaço a partir da sensação que ficou após receberem o estímulo do algodão no corpo.

Transferência de peso – Jogo de confiança

Distribuir as crianças em trios, organizá-las da seguinte forma: uma criança ficará ao centro, outra se posiciona à sua frente e outra em suas costas. Quem estiver no centro vai pendular o corpo, transferindo o peso para frente e para trás, sendo sempre amparado pelos colegas que tocam seu tronco para frente e para trás. Depois de experimentar a sensação de confiar nos colegas que o protegeram e de ousar o máximo possível da transferência do peso para frente e para trás, a criança do centro ficará sozinha e deverá se movimentar a partir da sensação que ficou após experimentar o pêndulo; os colegas, neste momento, irão contemplar seu movimento. No momento do pêndulo priorize o uso de um estímulo sonoro tranquilo, porém com o pulso bem definido, e no momento seguinte, ao explorar o movimento, utilize um estímulo sonoro de pulso mais dinâmico.

Percursos espaciais e desafios corporais

Material: pedaços de papelão cortados no tamanho A4.

O facilitador deve construir um percurso no espaço contendo linhas retas e curvas e desafios corporais, como, por exemplo, passar por baixo de uma linha, subir e descer um degrau, caminhos retos, sinuosos e obstáculos para saltar. Defina o ponto de início e o fim do trajeto. Cada criança terá o seu papelão; todos devem se posicionar no início do trajeto e, ao entrarem no percurso espacial, o facilitador colocará um pouco de água no papelão da criança, que deverá equilibrá-lo durante todo o percurso sem derrubar a água. O percurso pode ser realizado quantas vezes quiserem. Provavelmente a água irá cair, mas o desafio de equilibrá-la proporcionará à criança a descoberta de novas possibilidades de movimento. Após todos realizarem o percurso, proponha que se movimentem pelo espaço, agora sem o papelão, a partir da sensação que ficou. Utilize uma trilha sonora divertida.

Desafios com o elástico

Material: 4m de elástico de 1cm.

A inspiração desta atividade é a brincadeira de pular elástico, por isso 2 crianças seguram o elástico em seus tornozelos. O que acontecerá de diferente é que o facilitador irá orientar sobre as diversas possibilidades de saltos, como: pular com os dois pés juntos, pular em um pé só, pular com os dois pés e aterrissar com um. A intenção desta atividade é apresentar as possibilidades de saltos de 2 para 2, de 2 para 1, de 1 para 2, saltos para frente, para trás, para a direita e a esquerda. Pode ser desafiador se a altura do elástico for subindo. Utilize uma trilha sonora com o pulso bem definido.

Ações corporais

Distribuir as crianças pelo espaço; o facilitador irá estimular o movimento nas crianças ao solicitar algumas ações cotidianas, como: caminhar, saltar, girar, cair, expandir, contrair... Avance solicitando as ações corporais básicas, como: pontuar, sacudir, pressionar, torcer, deslizar e flutuar. O papel do facilitador será o de estimular as diferentes possibilidades de executar uma mesma ação; por exemplo, caminhar com os calcanhares ou com a ponta dos pés, cair rápido ou lento, expandir em pé ou deitado, ou seja, propor variações. Em um segundo momento (que pode ser o primeiro também, escolha como for mais interessante para a sua turma) o facilitador pode usar imagens subjetivas, como "imaginem que estão caminhando em uma piscina de chocolate", que "estão saltando em uma panela de pipoca", que "estão flutuando em nuvens de algodão-doce", enfim, imagens que fomentem a criatividade; certamente as crianças irão se divertir. Utilize uma trilha sonora divertida.

Brincadeiras em família

Patrícia Danieli Horn

A correria diária é uma característica bastante evidente na sociedade atual, gerando assim algumas consequências, entre elas, as individualizações e isolamentos sociais, a começar pelas famílias. Pais ocupados, crianças com agendas e rotinas cheias, tendo seus relacionamentos cada vez mais distantes. A falta de tempo e de bons diálogos pode gerar conflitos e comprometer a relação entre pais e filhos, levando-os assim para a sociedade na qual a criança está sendo inserida, pois seu primeiro grupo social é a família.

O brincar e as brincadeiras em casa podem ser grandes aliados na construção de relacionamentos saudáveis, pois o brincar desenvolve, cria laços, estimula o aprendizado, explora a criatividade e, acima de tudo, diverte. É através da brincadeira que a criança expressa seus sentimentos mais íntimos, tristeza, alegria, irritação, se algo no seu dia não foi legal. É nesse momento de descontração que ela se revela, pois o brincar faz parte da sua linguagem.

A brincadeira não precisa ter grandes períodos; desde que seja com qualidade, o que a criança precisa é que o adulto seja somente dela, mesmo que este seja somente por 10 minutos. Atitudes simples como ler um livro, fazer cócegas, brincar de aviãozinho, jogar uma partida de *videogame*, fazer guerras de travesseiro podem ter um impacto bastante positivo. Porém, separar um tempo para fazer uma brincadeira mais elaborada, jogar um jogo de tabuleiro, fazer um passeio em um parque é fundamental.

A criança precisa de espaço para brincar, e o seu espaço (casa, apartamento, quarto, sala, cozinha) pode ser transformado em um grande e rico parque de diversões, basta deixar que a sua criança interior seja sacudida e a criatividade rolar. Nesse processo é muito importante ouvir seus filhos; eles são incríveis e, com certeza, têm muitas ideias geniais para brincar. Quando o adulto se sujeita às criações deles, a diversão e a entrega estão garantidas.

Não perca tempo, não importa qual seja a idade de seu filho, pegue na mão dele e crie, invente, brinque, e acima de tudo se divirta. Ele com certeza jamais esquecerá.

Repertório

Caixinha de brincadeiras

Materiais necessários: caixinha pequena ou potinho pequeno, papéis coloridos e canetas.

Preparação: cada membro da família deverá escolher uma brincadeira e escrever em um papelzinho, que será dobrado e colocado na caixinha.

Um participante sorteia um papelzinho e a família deverá realizar a brincadeira sorteada.

Dica: a brincadeira da caixinha pode ter um dia específico para ser realizada.

Exemplo: todas as segundas faremos uma brincadeira da caixinha. E a qualquer momento pode-se acrescentar novas brincadeiras na caixinha.

Corredor de *laser*

Materiais necessários: papel crepom colorido e fita crepe.

Preparação: escolher um corredor em casa e colar o papel crepom de uma extremidade a outra em várias direções.

A criança deverá atravessar o corredor sem encostar no papel crepom; se encostar, deverá voltar ao início e começar o desafio novamente.

Dica: para crianças menores, coloque um objeto no final do corredor e ela deverá fazer o resgate. E se arrebentar o *laser* deverá colar novamente e seguir adiante.

Esconde-esconde

Materiais necessários: objeto da escolha da criança, de preferência pequeno.

Escolher um participante para esconder o objeto. Esse só informará em qual cômodo da casa foi escondido. Os demais participantes deverão procurar. Aquele que achar será o próximo a esconder.

Sucata

Materiais necessários: recolha materiais que possam ser reaproveitados e, se necessário, lave-os, deixando secar. Garrafas, copos plásticos, caixas de creme dental, rolos de papel higiênico, caixinhas de leite, potes de iogurte etc. Você vai ver que em apenas dois ou três dias já é possível arrecadar bastante material.

Com cola, barbantes, linhas, lantejoulas, canetas coloridas, tinta guache, monte brinquedos dos mais variados. Uma caixa de creme dental com 4 tampinhas de garrafa pode virar um caminhão, caixas de fósforos podem virar cômodas, cadeiras e mesas para brincar de casinha. Para os menores, monte chocalhos recheando garrafas pet pequenas com palitos de fósforo ou grãos de milho.

Não há limites para a criatividade nesta brincadeira, que também é uma forma de ensinar as crianças sobre reciclagem e sustentabilidade.

Jogo da memória

Materiais necessários: tampinhas de garrafas pet do mesmo tamanho e cor, caneta permanente.

Preparação: Escrever no interior da tampinha números ou letras, 2 tampinhas para cada letra ou número.

Misturar as tampinhas viradas para baixo. Um jogador de cada vez vira 2 tampinhas; se acertar os iguais, ganha o ponto e segura com ele as tampinhas conquistadas; se não acertar, vira novamente e passa a vez para o próximo. Quando as peças terminarem, vence o jogo quem conseguir o maior número de acertos.

O que é que tem aqui?

Materiais necessários: saquinho de tecido ou caixa de sapatos com um furo na tampa, bugigangas (p. ex., colheres, bolinhas, brinquedos, letrinhas, formas geométricas etc.).

Preparação: colocar no saquinho as bugigangas e preparar o ambiente para a brincadeira.

O adulto que está na brincadeira começa, coloca a mão dentro do saquinho, segura um objeto, e diz: "Parece ser de metal e tem cabo, eu acho que é uma colher". Depois é a vez da criança.

Dá licença, natureza, podemos brincar?

Luciana Queiroz Rodrigues Moreira

A natureza é o brinquedo mais sadio que existe para uma criança, pois, ao se identificar com os elementos naturais existentes, ela vai construindo a sua identidade humana e sentindo-se cada vez mais parte deste todo chamado Planeta Terra.

Como disse Rubem Alves, antes de ensinar as notas musicais é preciso fazer a criança se encantar com a melodia, e assim ela terá um genuíno interesse em aprender a ler as partituras. Em relação aos processos naturais, devemos fazer o mesmo ao propiciar que as crianças tenham muitas vivências com os elementos da natureza para que tenham mais intimidade, amor e respeito por tudo que tenha vida e está ao seu redor.

Como educadora ambiental e brinquedista, reconheço que a mudança de postura em relação ao meio ambiente será mais efetiva se oferecermos às nossas crianças, por meio do brincar, um conhecimento e experiências com os quatro elementos da natureza: água, fogo, terra e ar.

O brincar é a linguagem universal da infância e, por meio dela, podemos despertar o encantamento pela natureza. Se brincar é natural, brincar com a natureza é fenomenal!

O desenvolvimento sustentável deve também contemplar os recursos da natureza humana, e é principalmente na infância que encontramos esses recursos em abundância.

Então, como favorecer o desenvolvimento humano da criança, sem comprometer a sua capacidade humana nas outras fases futuras de sua vida?

Valorizar a infância é uma importante atitude de preservação da natureza humana, pois essa é a fase mais fértil da vida humana, à qual podemos oferecer o adubo necessário para que ela floresça em uma vida próspera, cheia de energia, vitalidade e com gosto pela atividade mental, pela realização de tarefas e pela capacidade de iniciativa.

A criança, quando nasce, já é alguém. Ela não será alguém somente quando crescer; ela já é um indivíduo que está em formação e que precisa conhecer e se desenvolver e isso também pode ser alcançado através do brincar. Brincar é, para a criança, uma meditação que ela faz sobre si mesma através da ação! Precisamos, portanto, respeitar o seu tempo e o ambiente infantil, para que conheça a si mesma através do brincar e perceba suas qualidades, como também desperte um interesse por se superar e ser melhor a cada dia.

Nós, adultos, somos responsáveis tanto pelos recursos naturais do planeta como também pelos recursos humanos de nossas crianças. Como ajudar a preservar na infância esses recursos humanos e contribuir para que o seu desenvolvimento seja sustentável para sua vida futura? Refletir, recusar, reaproveitar, reduzir e reciclar são os 5Rs do desenvolvimento sustentável que devemos também aplicar em relação ao desenvolvimento da criança, com atitudes lúdicas de preservação e de proteção da infância.

Ao nascer, a criança sente uma necessidade natural de conectar a sua natureza humana com a natureza dos demais reinos da Terra.

Conhecer sua força humana através do brincar é, para a criança, uma necessidade natural, e por isso ela encontra nessa linguagem uma forma de se expressar, de experimentar e de se conhecer: pular, correr, rolar, descer, subir e mais uma infinidade de movimentos que a fazem se sentir parte desse meio ambiente e que, através do brincar, torna-se inteiro.

Não precisa ser apenas no verde, na fazenda ou no campo. No espaço urbano, temos as mesmas possibilidades lúdicas que favorecem esse encantamento da criança pelos elementos naturais (mesmo que não tenha o cheirinho do mato e o verde das plantas).

Propiciar o encantamento da criança com o mundo através do brincar é uma estratégia que nós, pais e educadores, precisamos desenvolver por meio de atitudes lúdicas do nosso cotidiano e fazer com que favoreçam esse contato com os elementos naturais: água, fogo, terra e ar tem em todo lugar, basta aprimorar o nosso olhar e aumentar o nosso repertório lúdico.

Abaixo estão algumas brincadeiras que podem lhe inspirar a favorecer esse contato das crianças com o meio natural.

Dá licença, natureza, podemos brincar?

Repertório

Brincando com o fogo

As brincadeiras com o fogo estão relacionadas com o contraste entre luz e sombra. Em um local aberto em dia ensolarado, mostre às crianças a sombra do nosso corpo no chão e brinquem de pega-sombra. Todos se distribuem pela área delimitada e, ao dar a partida, saem correndo com o objetivo de pegarem a sombra do outro. Quando uma criança conseguir pisar na sombra do colega, ele irá ficar agachado para tirar a sua sombra da brincadeira; ganha o jogo aquele que não teve a sua sombra pega pelo colega. É bem divertido!

Brincando com a água

Aproveite um dia de chuva fininha e saia de casa com a criança levando a sua sombrinha ou guarda-chuva e, calçando uma botinha de plástico, brinquem de Splash; enquanto caminham vão pisando nas poças que vão se formando no chão e ouvindo o barulhinho das gotas de chuva que caem fininhas na sombrinha.

Brincando com o ar

Olhar para o céu é contemplar a natureza! É descobrir as paisagens do ar em movimento que foram feitas pelo vento. Em um local aberto e em dia com nuvens no céu, brinque com as crianças de desvendarem as figuras desenhadas pelo vento. Juntos vocês podem relatar as figuras que estão vendo, reproduzir as figuras no algodão ou desenharem em um papel.

Brincando com a terra

Caminhada lúdica é uma rica e divertida brincadeira e pode ser feita no parque, no bairro ou na praça. Leve uma caixinha, um cestinho ou um saquinho para recolherem, ao longo do trajeto, os "brinquedos do chão". Estimule a observação da criança para as folhas, os gravetos, as pedrinhas e outros elementos naturais que estejam presentes ao longo do caminho e que poderão ser levados para brincar em casa ou na pracinha.

O jogo e o bebê – O brincar na constituição do sujeito

Giselle Frufrek

Enquanto educadores, precisamos nos propor a um intenso vai e vem entre a teoria estudada e a experiência vivida, entre o corpo-pensante e o corpo-vivido do adulto para que este possa potencializar a constituição do sujeito-bebê. A égide de um olhar oblíquo, com atravessamentos, onde observamos o jogo intuitivo do bebê com o seio materno, com seu próprio corpo e com o ambiente através do movimento, do olhar, da fala e da ação. Esta proteção e cuidado convida aos pais e educadores a estabelecer uma relação de presença e consciência nas ações e cotidiano do bebê.

Neste cotidiano, o jogo se torna uma forma de percepção do "eu" no mundo. Assim, podemos encontrar os *jogos de Fort-da*, os *objetos transicionais*, os *jogos de borda e simbólicos*, apoiados nos estudos de Freud, Winnicott e Piaget.

Repertório

Caixa de permanência de bola

Os bebês têm o hábito, sempre que possível, de apanhar qualquer objeto ou brinquedo e atirá-lo longe, repetidas vezes, atitude esta que, usualmente, torna-se perturbadora para o adulto, porque apanhar e procurar os objetos sempre dá um bom trabalho. É um brincar de "ir embora" e "retornar" nesse procedimento recorrente. Freud (1987) observou um bebê de 18 meses e identificou o *Fort-da*, o jogo de aparecer/desaparecer, reconhecendo no brinquedo ou brincar a função de produção de prazer envolvida nesta enigmática atividade repetitiva.

Entende-se assim o jogo como uma representação simbólica da ausência e da presença da figura materna. Quando a criança, intencionalmente, ritualiza a ausência da mãe ao fazer desaparecer e aparecer os objetos, compensa a necessidade instintiva dessa presença. Exercita a condição de sujeito ativo na relação de desaparecimento de seu objeto de prazer e estabelece uma certeza simbólica da volta de sua mãe.

O educador, tomando consciência disso, pode "entrar no jogo" quando o bebê atirar qualquer objeto no chão. Uma bolinha ou pedra ao acesso da criança pode também provocar o jogo a acontecer.

Figura 1 Caixa de permanência de bola

A caixa de permanência de bola é um material montessoriano para bebês. Trata-se de uma caixa cúbica, onde a parte superior tem um orifício circular do tamanho que permita passar uma bolinha (esfera), caindo numa pequena gaveta, na base. O objetivo é colocar a esfera no orifício fazendo-a desaparecer, caindo na gaveta abaixo. E esta, ao ser aberta, faz a esfera aparecer novamente.

Então, saiba que quando o bebê está jogando a chave do carro ou a colher no chão, ele não está sendo teimoso ou bagunceiro e, sim, "apenas" brincando e se constituindo como sujeito ativo.

Cadê? Achou!

O *jogo de Fort-da* "*Cadê? Achou!*" Trata-se de uma brincadeira que introduz a descontinuidade do olhar e da voz do adulto quando este esconde o rosto, podendo ser com uma toalha, após o banho do bebê, ou ocultando o rosto atrás de uma coluna. Olhando para a criança, o adulto rompe o contato visual, escondendo o rosto, enquanto, concomitantemente, diz *Cadê?* com ênfase na entonação de voz, e depois, alegremente, descobre o rosto dizendo: *Achou!*, repetindo a sequência enquanto houver o interesse da criança. O jogo proporciona ao bebê uma experiência de ausência da mãe, mesmo na presença acontecendo, não com a substituição de um objeto e, sim, na descontinuidade através da linguagem, no uso das palavras *Cadê? Achou!* O bebê retém em si uma imagem estável que remete à permanência do objeto, acomodando a sensação de perda ou desamparo na ausência da mãe. Posteriormente, a criança passará a propor este jogo se afastando, se escondendo, criando situações onde terá a autoria da experiência de continuidade/descontinuidade.

Boneco de pano

É muito frequente a criança ter um "paninho" ao qual se apega e quer levar sempre consigo. Ela cria uma relação transicional com o objeto, sem que este seja, necessariamente, um brinquedo. Neste mesmo contexto, um boneco de pano pode se tornar especial para ela, como um objeto transicional (WINNICOTT, 1975). O boneco é um objeto macio que, ao ser feito artesanalmente,

Figura 2 Molde

amplia o vínculo intencional entre a mãe ou educadora e a criança, numa relação sensorial. Não precisa ter grandes habilidades manuais.

Pegue um papel grosso e desenhe o molde, recortando-o. Coloque o molde sobre um pedaço de tecido duplo (algodão cru) e risque em volta. Recorte deixando uma borda de 1cm da marca riscada. Costure a borda do tecido até dar a volta em todo o boneco, deixando aberta a lateral do corpo em um dos lados. Encha o boneco com espuma de silicone (encontrada em casas de artesanato, ou aproveite o recheio de travesseiros velhos) e feche a lateral. Desenhe, com caneta de tecido, um pontinho para os olhos e um pequeno risco para a boca, lembrando que, para o bebê, o sensorial é mais importante, então não colocamos olhos ou cabelos artificiais. Para o cabelo, podemos juntar fios de lã, amarrar e costurar. No corpo não é necessário colocar uma roupa. O boneco precisa ficar agradável ao toque, sem interferência sensorial. Podemos, ainda com a caneta, desenhar uma representação de roupa ou reaproveitar uma peça do vestuário da própria criança, quando recém-nascida, para tal. Busque uma peça de algodão, simples, não estereotipada.

Esse objeto continua sendo importante. Os pais e educadores vêm a saber do seu valor e cuidam para que a criança possa levá-lo consigo. Permitem que fique sujo e até mesmo malcheiroso, sabendo que, se lavá-lo, introduzirá uma ruptura de continuidade na experiência do bebê, ruptura essa que pode destruir o significado e o valor do objeto para ele. Uma experiência de construir o seu "eu" e o seu "não eu".

Escadinha

As atividades realizadas pelas crianças no parquinho, como escorregar, balançar, trepar, representam fenômenos transicionais (WINNICOTT, 1975) executadas com seus pais, quando ainda eram bebês, em uma relação corpo a corpo. Por meio do brincar, o movimento não é apenas vivenciado, mas criado. É uma relação externa e interna, situada numa zona onde se tecem as relações entre o sujeito e o mundo.

A *escadinha* é um material montessoriano para espaços educativos, proporcionando a ação de subir e descer de forma autônoma e segura para a criança no ambiente. Subir degraus e escadas, no cotidiano, de forma assistida, é fundamental para o desenvolvimento do bebê, inclusive, contribuindo para a aquisição do controle dos esfíncteres.

Figura 3 Escadinha

Jogo de borda

No brincar as crianças têm experiências físicas e emocionais. Empurrar carrinhos até a borda da mesa, andar no meio-fio da calçada, saltar do sofá, trata-se de "jogos de borda". Nesses jogos, a criança experimenta construir seus limites corporais e o mapeamento do próprio corpo, a partir de seus interesses e necessidades.

Em ambientes escolares, podemos proporcionar tal jogo colocando 2 barras de madeira, em paralelo, no chão, para que a criança possa caminhar entre elas, experimentando-se entre essas bordas. Importante fixar as barras para que elas não rolem ou se desloquem, induzindo ao desequilíbrio.

Banho gostoso – Jogo de simbólico

Este jogo consiste em propor para a criança um banho de "faz de conta" onde brincamos de entrar no chuveiro e perguntamos: "Como faz o barulho da água? Chuá, chuá", enquanto escorregamos as mãos pelo corpo da criança, da cabeça aos pés. Depois vamos ensaboar, esfregando e massageando a criança. Agora vamos enxaguar: "Chuá, chuá", deslizando as mãos pelo corpo da criança novamente. Para finalizar, chegou a hora de secar. Mas que surpresa, não tem toalha. Vamos assoprar? "Fuuu, fuuu." Depois do banho tomado, bem cheiroso, é só embrulhar para presente. E abraça a criança, num enlace.

No jogo simbólico, a criança age na ausência dos objetos habituais dessas ações e experimenta a imitação. Este simbolismo acontece quando a criança brinca que está dormindo, comendo, ou imitando um cachorro ou gato. Favorece a aquisição da linguagem e o desenvolvimento de novos símbolos lúdicos.

Referências

FREUD, S. *Obras psicológicas completas de Sigmund Freud*. 2. ed. Rio de Janeiro: Imago, 1987 [ed. standard brasileira].

JERUSALYNKY, A. *Psicanálise e desenvolvimento infantil* – Um enfoque transdisciplinar. 3. ed. Porto Alegre: Artes e Ofícios, 2004 [Trad. Diana Myriam Lichtenstein].

WINNICOTT, D.W. *O brincar e a realidade*. Rio de Janeiro: Imago, 1975.

Os jogos e os adolescentes

Rubens Rollo Cavallin Junior

A Educação Física para adolescentes e jovens se resume, em sua grande maioria, em esportes, principalmente o quarteto fantástico (futsal, handebol, voleibol e basquetebol). Mas a Educação Física para essa faixa etária é muito mais que isso. Dentro desse contexto, os jogos têm grande valor social, psíquico e físico. Existem poucas publicações sobre jogos para adolescentes. É um espaço que precisa de debates, reflexões e sair um pouco da área esportes; não que esportes não sejam importantes, mas jogos retratam muito o dia a dia dos adolescentes.

Nessa faixa etária é comum o desprezo por atividades físicas. Adolescentes com conflito de personalidade, aceitação no grupo, e biologicamente, a diferença de força entre os gêneros. Nesse sentido, alguns jogos são interessantes para que o professor possa discutir esses assuntos e muitos outros que venham a surgir.

É interessante que o professor tenha uma sensibilidade em escolher jogos que venham ao encontro dos interesses dos alunos e que possam, de alguma forma, ajudá-los a entender seu grupo e suas especificidades.

Com as novas tecnologias, os jogos que necessitam de algum esforço e habilidades físicas estão cada vez mais longe da realidade dos jovens e a Educação Física tem a incumbência de resgatá-los.

Mas para que servem os jogos para essa faixa etária?

Os jogos proporcionam a reflexão de trabalho em equipe, cooperação, frustração; ainda assim, nessa idade o saber ganhar e perder, equilíbrio emocional, tomada de decisão, diferenças pessoais etc.

Hoje em dia, em qualquer profissão ou na própria vida, o trabalhar em equipe e a tomada de decisão são fundamentais para se obter sucesso, e isso os jogos proporcionam a todo momento.

Qual a realidade de muitas escolas no Brasil, do Fundamental II ao Ensino Médio? Em sete anos de Educação Física, quase todo o tempo é tomado por esportes e muito pouco por jogos e suas reflexões e discussões.

Essa faixa etária é o meio de campo entre a educação básica e a universidade e muitos temas, assuntos, reflexões, vivências são observados em jogos.

Com isso, venho aqui começar uma reflexão sobre a importância dos jogos para adolescentes e jovens. Digo que é um membro do corpo da Educação Física onde os alunos apreciam, esperam e jogam muuuuito.

Vamos jogar?

Repertório

Queimada fitness

Os alunos são separados em duas equipes com coletes de cores diferentes. A queimada começa do lado de fora da quadra de voleibol com as equipes misturadas. Dentro da quadra de voleibol haverá 2 bolas, uma de cada lado, paradas. Começa o jogo com as equipes do lado de fora se queimando. Não pode correr com a bola na mão, somente sem ela. Se o aluno queimar outro da equipe adversária, esse entrará na quadra de voleibol esperando um da equipe contrária ser queimado para começar outro jogo. Dentro da quadra de voleibol queimada normal, mas se o aluno queimar, este sairá da quadra e continuará na queimada inicial. Serão 2 bolas do lado de fora e 2 do lado de dentro sempre, se possível de cores diferentes. Ganha o jogo quem tiver com menos alunos do lado de dentro da quadra em um determinado tempo estabelecido pelo professor.

Queimada 3D

Os alunos são divididos em duas equipes com coletes de cores diferentes. Uma equipe fica do lado de fora da quadra de voleibol, espalhada em todo o seu território. A quadra será dividida em três, ou seja, 6m cada. Os alunos ocuparão o espaço do lado de fora; a outra equipe ficará do lado de dentro dos primeiros 6m da quadra de voleibol. Começa-se como uma queimada normal; assim que alguém for queimado, esse aluno passa para o segundo 6m, e se for queimado novamente, ao terceiro 6m, e se for queimado novamente sairá do jogo. E assim com todos os alunos. Acontecendo de todos saírem, invertem-se os jogadores. Ganha o jogo a equipe que queimar todos em todos os setores em menor tempo.

Queimada paintball

Os alunos formarão duas equipes separadas na quadra. Na quadra ficarão alunos que servirão de escudos para a proteção dos demais colegas. É uma queima normal, mas esses alunos protegerão os demais. Quem for queimado ficará do outro lado da quadra recuperando as bolas perdidas e jogando para seus colegas. Ganha o jogo quem queimar todos da outra equipe primeiro.

Variação 1: quem for queimado, queimará do fundo da quadra também.

Variação 2: queimada *paintball* com pique-bandeira. Só não ficará congelado quem conseguir pegar a bola do outro lado e voltar sem ser queimado. Obs.: quem tiver obstáculos para colocar na quadra substituirá os alunos-escudo.

Estafeta do jogo da velha

Organização: formam-se dois times, que se posicionam em duas colunas, um jogador atrás do outro. Uma linha de largada é traçada e, a aproximadamente 15m dela, risca-se o traçado do jogo da velha (#). Cada equipe terá cones de uma cor, que servirão para ocupar a casa que a equipe escolher, a fim de formar a sequência de 3 cones na horizontal, vertical ou diagonal, o que faz com que se ganhe o jogo.

Desenvolvimento do jogo: ao sinal do professor, cada equipe libera o primeiro da fila, que deve correr até as linhas do jogo da velha, colocar um cone num dos espaços e voltar o mais rápido possível para liberar o próximo integrante da equipe, que levará outro cone. Quem fizer a sequência de 3 cones primeiro ganhará. Em caso de empate (se ninguém montar a sequência), reinicia-se o jogo até que alguma equipe consiga a sequência correta. A rapidez é muito importante; se uma equipe ficar "pensando" onde colocar, a outra mandará muito mais integrantes, que ocuparão os lugares vagos e farão o ponto.

Dodgeball

Sete bolas no centro da quadra. Os alunos separados em duas equipes no fundo da quadra. Ao sinal do professor, todos sairão correndo e tentarão recuperar o maior número de bolas para sua equipe. A queimada acontecerá dentro da quadra de futsal. Quando a bola vier, essa terá que sair pela linha de fundo para ser recuperada. Se tocar no aluno antes disso, estará queimado e sairá do jogo. Ganha o jogo a equipe que queimar todos da equipe contrária ou, por tempo, quem queimou mais.

256

Queimada 4 equipes

Divide-se a quadra de vôlei em 4 partes. Cada equipe ocupa uma área. A queimada é tradicional, ou seja, acertou outro da equipe, este "queimado" sai da quadra de vôlei e vai ajudar a sua equipe do lado de fora. Detalhe, todas as quatro equipes queimam entre si. Portanto, a bola pode vir de qualquer lado. Quem está do lado de fora também queima. A equipe onde todos foram queimados sai do jogo até que sobre uma equipe. Esse jogo é jogado com 2 bolas ou mais.

Pega-pega com equipes

São montadas equipes, no mínimo 4. Todas com diferentes coletes. As equipes ficarão soltas pela quadra de futsal onde todos queimam todos. Quem foi queimado senta, e se alguém de outra equipe passar e este relar, troca de lugar. Quem está com a bola não pode correr, apenas queimar ou passar para outro de sua equipe.

Queimada gladiador

São divididas duas equipes, uma de cada lado da quadra. Os participantes fazem duplas onde um será o escudo, segurando um colchonete ou similar, e o outro ficará atrás se protegendo. Só pode queimar o participante de trás; se isso acontecer, a dupla pode sair do jogo ou ficará no fundo da quadra de voleibol, podendo queimar também, aí sem o escudo. A equipe que queimar todos da outra equipe vence a partida.

Montando quadrados

Duas equipes. Este jogo é em formato de estafeta. Com cones pequenos ou similares, o professor fará vários quadrados. Com coletes de cores diferentes das equipes com velocidade, um de cada vez começará a montar os quadrados ligando um cone ao outro com os coletes. Assim que formarem um quadrado, é colocado um objeto qualquer da equipe que formou. No final, conta-se quantos quadrados foram montados por equipe. Quem fizer mais, vence.

Queimada explosão

Queimada tradicional com duas equipes. Antes de começar, as equipes escolhem quem será o alvo *bomba*. Se este participante for queimado, o jogo acaba. Esse alvo é secreto, portanto, a outra equipe não sabe. Para ficar mais real, encha uma bexiga e, assim que o alvo for queimado, exploda a bexiga. Acontecendo isso, começa um novo jogo.

Queimada linha

Os jogadores só podem correr em cima das linhas da quadra. Quem está queimando não pode correr com a bola na mão, só lançar. Pode ser dois jogadores que irão queimar. Podem trocar passes. Assim que queimar alguém, este se sentará sobre a linha e virará parede onde os demais não podem passar. Quem ficar por último vence a queimada.

Queimada travessia

Todos os participantes de um lado da quadra. Um participante no meio com quantas bolas ele puder segurar ou um cesto perto com bolas. Assim que forem autorizados, todos devem atravessar a quadra e o jogador do meio tentará queimar alguém. Se conseguir, o "queimado" ficará em um círculo desenhado no chão. Quando alguém passar perto desse "queimado" e tocar no jogador, o substituirá e aquele voltará ao jogo, prendendo-se o outro participante. Vence o último que ficar.

258

Atividades de iniciação esportiva

Luis Gonzaga Veneziani Sobrinho

Os esportes são atividades complexas, com regras estabelecidas por federações e confederações internacionais e nacionais, que devem ser seguidas por todos os participantes; no entanto, por possuir esse rigor, muitas vezes o esporte torna-se desinteressante e pouco estimulante para as crianças.

Com o intuito de diversificar as possibilidades de execução dos jogos, possibilitar o aumento do interesse das crianças em participar e facilitar o entendimento da dinâmica e das regras dos jogos oficiais, foram desenvolvidos os jogos de iniciação esportiva.

Os jogos de iniciação esportiva são atividades que visam facilitar o entendimento da dinâmica de um jogo oficial, entretanto, com regras adaptadas e com velocidade e dinâmica do jogo em menor intensidade. Essas alterações propiciam maior facilidade de entendimento, maior aprendizado e, consequentemente, maior interesse na participação das crianças, pois, a partir deles, as crianças conseguem maior compreensão e melhor execução dos jogos.

As adaptações feitas nos jogos de iniciação esportiva visam atender a necessidade de um determinado grupo, para que este aprenda a modalidade ou esporte em questão de forma simples, divertida e interessante, sem pular etapas do desenvolvimento motor, facilitando a prática e proporcionando prazer em participar, desenvolvendo, dessa maneira, maior interesse em continuar a aprender o esporte.

Repertório

Jogos de invasão

Pique-bandeirinha

Objetivo: proporcionar o entendimento do posicionamento ofensivo e defensivo dos jogos de invasão e domínio de território, bem como a compreensão da importância dos posicionamentos e funções de jogadores na defesa, meio-campo e ataque, independente do gesto técnico da modalidade. Pode ser usado como referência estratégica para futebol, *rugby*, handebol, entre outras modalidades esportivas.

Para iniciar o jogo de pique-bandeirinha sem bandeira, ou sem bola, é necessário que o campo esteja dividido em dois meios-campos e a marcação das linhas laterais e de fundo seja bem evidente; os integrantes divididos em duas equipes com o mesmo número de participantes, separadas com coletes de cores diferentes, cada equipe em um lado do campo.

O jogo consiste em atravessar todos os participantes para além da linha de fundo da equipe adversária, local que é considerado pique (zona livre para quem chegou sem ser tocado pelo adversário); a equipe que primeiro conseguir passar todos os seus participantes, sem que esses sejam tocados pelos adversários, marca o ponto.

Regras do jogo:

• O participante que for tocado em qualquer parte do corpo no campo do adversário deverá ficar "congelado" (imobilizado) no local onde foi tocado e permanecer ali até que algum integrante do seu time venha salvá-lo.

• Para salvar o participante "congelado", qualquer jogador que esteja "livre" poderá invadir o campo adversário e tocar no colega; o jogador que salvou poderá continuar correndo e passar pelo campo se assim desejar, porém o participante que estava congelado deverá voltar ao seu campo de defesa – obrigatoriamente – antes de tentar uma nova passagem para o pique.

Futbase e Handbase (jogos adaptados do baseball)

Objetivo: proporcionar o desenvolvimento de gestos técnicos iniciais de chute e arremesso, domínio e condução de bola, recepção, passes e arremesso direcionado para o entendimento do futebol e do handebol, além de estimular o desenvolvimento de resistência geral, velocidade e atenção ao posicionamento e ações ofensivas e defensivas, utilizando a dinâmica do jogo de *baseball* e os fundamentos de corrida do atletismo.

Para o início, é necessário que o campo de jogo esteja preparado com 4 bases nas extremidades do campo e 2 bases centrais, que devem ser limitadas por cordas, onde os integrantes da equipe defensora não poderão entrar; dentro dessas 2 bases centrais estarão 1 cone em cada uma, preferencialmente de cores diferentes. Os jogadores divididos em duas equipes. A equipe que irá ficar na defesa deverá se posicionar livremente pelo campo, e a equipe atacante deverá se posicionar atrás da base número 1, em duas colunas.

O jogo consiste em a equipe atacante, uma dupla de cada vez, arremessar uma bola de handebol ou similar e chutar uma bola de futebol ou similar, ao mesmo tempo e o mais longe possível, dentro do espaço determinado pelo professor e, depois de realizada essa ação, os jogadores que a executaram devem correr entre as 4 bases das extremidade do campo para marcar os pontos de sua equipe. Para cada volta completada por um jogador da equipe atacante são anotados 10 pontos; para isso ser validado, a equipe de defesa não pode ter derrubado os cones nas bases centrais antes do jogador atacante ter completado a sua volta. O atacante, caso perceba a aproximação do defensor da base central, pode parar dentro de qualquer uma das bases da extremidade do campo. Estando dentro de uma dessas bases, mesmo que os 2 cones centrais sejam derrubados, o jogador permanece na partida e espera o próximo lançamento para que possa correr novamente. Caso isso não aconteça, e a defesa consiga derrubar os 2 cones centrais, antes de o atacante completar a sua volta e estando fora da base da extremidade, esse jogador é "queimado" e fica fora do jogo durante o período em que sua equipe é atacante. É permitido a ele voltar ao jogo no momento em que sua equipe for para a defesa.

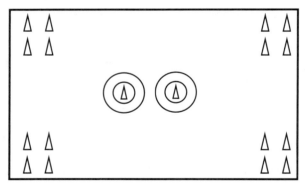

A equipe defensora tem o objetivo de pegar as 2 bolas o mais rápido possível e derrubar os cones centrais, sem invadir o espaço marcado, sempre executando os movimentos dos gestos técnicos das modalidades em questão (futebol e handebol), respeitando as suas regras e utilizando as bolas que foram determinadas no início do jogo para cada modalidade. Os cones centrais também serão específicos para cada modalidade, por isso cada cone só pode ser derrubado com a bola da modalidade determinada para ele. O domínio e a condução da bola de futebol só poderão ser feitos com os pés, e cada jogador só pode dar no máximo 2 toques na bola; a bola de handebol só pode ser recepcionada com as mãos e, para passar a bola, o jogador poderá usar até três passos com a bola na mão. Não será permitido quicar a bola para dar mais de três passos.

Após todos os atletas da equipe atacante executarem suas funções, as equipes trocam de função e, ao final, soma-se os pontos obtidos por cada equipe para verificar o vencedor.

Derruba cones (handebol)

Objetivo: proporcionar melhor entendimento da movimentação específica do handebol, entendimento da regra da área do goleiro e aperfeiçoamento do arremesso baixo.

Para o início do jogo, é necessária a colocação de 6 cones pequenos em cada linha de fundo dentro da área do goleiro, ou somente na linha de fundo se for uma área de jogo reduzida; cada uma das equipes é identificada com coletes; o espaço da área do goleiro é demarcado.

As equipes devem ter conhecimento das regras básicas do handebol:

- apenas 3 passos com a bola na mão;
- não invadir a área do goleiro;
- ficar no máximo 3 segundos com a bola parada;
- não bater bola no chão, segurar e bater novamente.

Uma das equipes irá iniciar o jogo com a posse de bola e seu objetivo é arremessar a bola em um dos 6 cones que estão posicionados na linha de fundo da quadra; se acertar, marca um ponto e leva o cone para sua linha de fundo. A equipe que sofreu o ponto recomeça o jogo do centro da quadra e, se conseguir o ponto, recupera o cone perdido. Vence a equipe que conseguir "pegar" todos os cones da equipe adversária primeiro.

Resgate (voleibol e handebol)

Objetivo: proporcionar o desenvolvimento dos fundamentos do saque por baixo, toque e manchete no voleibol e passe e recepção no handebol.

A equipe posicionada na linha de fundo da quadra de voleibol, um integrante do time irá se posicionar do outro lado depois do meio da quadra; não é necessária a utilização da rede. A equipe adversária fará o mesmo posicionamento do lado contrário. Cada jogador que está no meio da quadra receberá uma bola e deve, no caso do voleibol, sacar em direção à linha de fundo onde está sua equipe; os outros jogadores devem fazer o domínio da bola com toque ou manchete, sem infringir nenhuma regra da modalidade; se conseguir fazer isso, esse jogador é resgatado e deve ir até o centro da quadra e tentar resgatar outro jogador. O primeiro que fez o saque vai para a linha de fundo para ser resgatado também. Os outros jogadores resgatados ficam na lateral da quadra e vence a equipe que resgatar todos os jogadores primeiro. No caso do handebol, o jogador do centro deve lançar a bola para os colegas que irão tentar a recepção sem deixar a bola cair; se conseguirem, serão resgatados.

Uma variação do jogo: o jogador resgatado se posiciona na frente da equipe adversária, formando uma barreira humana que irá assumir o papel de "rede" no voleibol ou da "defesa 6 x 0" no handebol; essa ação dificulta o passe e a recepção da bola, pois diminui o campo de visão dos jogadores.

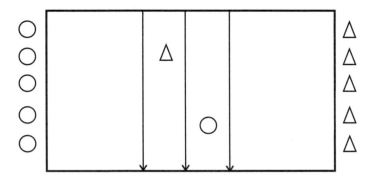

Cadeia alimentar (corrida de velocidade e mudanças de direção)

Objetivo: proporcionar a possibilidade de estímulo de corrida de velocidade, resistência de velocidade e as mudanças de direção durante a corrida.

Os participantes deverão ser divididos em 3 equipes; cada equipe deverá ser identificada por coletes de cores diferentes; o campo de jogo deve conter 3 bases (piques), uma para cada equipe, e as equipes já devem saber qual animal irão representar na cadeia alimentar: cobras, águias ou lobos.

O jogo consiste em um pega-pega em grupo onde:

- as águias devem pegar as cobras e fugir dos lobos;
- os lobos pegam as águias e fogem das cobras; e
- as cobras fogem das águias e pegam os lobos.

Cada equipe inicia o jogo dentro de sua base, onde os jogadores não podem ser pegos; ao sair da base e serem tocados pelo adversário, devem se entregar e ir até a base do adversário. Se um lobo pega uma águia, no caminho de onde ele pegou até a sua base, o lobo deve segurar a águia, para que ele não seja pego pela cobra. Todos os animais devem fazer esse procedimento com sua presa. O adversário que foi pego deve ficar atrás da base do seu predador e se tiver mais de uma presa, é permitido fazer "corrente" com a última presa capturada dentro da base e os outros fora; no entanto, devido à regra de ter de levar o amigo até a própria base para salvar, somente é permitido salvar um amigo de cada vez. A "corrente" só possibilita maior distância entre a presa e a base, facilitando desta forma o salvamento.

No caso dos animais que foram pegos, eles podem ser salvos por seus companheiros; para isso, é necessário que um de seus companheiros consiga chegar à base do adversário sem ser pego e segurar a mão do amigo que foi pego; após isso feito, deve ir andando e levar o amigo até a própria base; por estarem de mãos dadas em momento de salvar, eles não podem ser pegos novamente. Ao chegarem à própria base, o amigo está salvo e eles recomeçam o jogo normalmente.

Vence a equipe que pegar todos os integrantes da equipe que é sua presa na cadeia alimentar.

Queimada individual (handebol)

Objetivo: desenvolvimento dos fundamentos do jogo, movimentação sem bola, saída de marcação individual.

O jogo consiste em escolher um participante para ser queimado por todos os outros; no entanto, o jogo é realizado com uma bola de handebol ou similar, e o objetivo é queimar o jogador que foi escolhido encostando a bola nele.

Regras:

- não é permitido arremessar a bola no jogador que irá ser queimado;

- não é permitido dar nenhum passo com a bola na mão;

- não é permitido segurar ou atrapalhar a corrida do jogador que irá ser queimado;

- para queimar, a bola deve ser encostada no jogador escolhido e deve permanecer em contato com a mão de quem queimou;

- sem a posse de bola é permitido se deslocar livremente;

- será determinado um tempo para queimar o jogador escolhido; caso ele não seja queimado, os outros devem fazer polichinelos;

- caso a equipe consiga facilmente queimar o jogador, uma opção é colocar mais um jogador "anjo" no jogo; o "anjo" irá proteger o jogador a ser queimado, atrapalhando as jogadas dos outros, pegando a bola e jogando para longe etc. No entanto, se o jogador mesmo assim for queimado, o anjo e ele é que farão os polichinelos.

Os autores e organizadores

Aline Diane de Freitas Zumba Rodrigues

Graduada em Educação Física (Uniban). Especialista em Ginástica Rítmica Feminina e Masculina (FMU) e em Pilates (Estácio). Professora de Educação Física Escolar e de Ginástica Artística no Colégio Vital Brazil e na FIAP School. Autora de trabalhos científicos nas áreas de Educação Física e Atividades Circenses. São Paulo (SP).

Alipio Rodrigues Pines Junior

Graduado em Lazer e Turismo (USP) e em Educação Física (Uniban). Mestre em Ciências da Atividade Física (USP). Membro do Grupo Interdisciplinar de Estudos do Lazer (Giel/USP/CNPq). Professor da Universidade Anhanguera de São Paulo e da Universidade Anhembi Morumbi. Autor de 20 livros em temáticas como Recreação, Educação Física e Educação, entre eles *Lazer e recreação – Conceitos e práticas culturais* (WAK); *Jogos e brincadeiras* (Vozes); *Recreação total* (Fontoura); *Jogos do mundo todo* (Supimpa). Coordenador da Pós-Graduação em Recreação e Lazer FMU e USCS. Diretor da *Entretenimento SP, Lab-Brincar* e *Brincadeiras e Jogos*. São Paulo (SP).

André Silva Barros

Graduado em Educação Física (Fesb). Especialista em Docência no Ensino Superior (Anhanguera). Professor de Educação Física Escolar do Iest – Instituto Educacional Santa Terezinha (Bragança Paulista/SP) e da Prefeitura da Estância de Atibaia. Autor dos livros *Práticas em brincadeiras e jogos* (Supimpa) e *Recortes e reflexões em educação, brincadeiras e infância* (Brazil Publishing). Colunista da *Brincadeiras e Jogos*. Palestrante. Bragança Paulista (SP).

Bruna Cristina Querubim Adriano

Licenciada e Bacharel em Educação Física (Universidade de Franca). Graduada em Pedagogia (Unicsul). Especialista em Psicomotricidade e em Educação Física Escolar (Unicsul). Especialista em Neuropsicopedagogia (Faculdade de Conchas) e em Educação Especial com ênfase em Psicomotricidade (Faculdade São Luís de Jaboticabal). Atua como Professora de Educação Infantil na Escola Espaço Infância Magic Camp – São Paulo (SP). Colunista na página *Brincadeiras e Jogos*. São José da Bela Vista (SP).

Bruno Leandro Ribeiro da Cunha Accorsi

Graduado em Educação Física (Faculdade Ranchariense) e em Pedagogia (Unifacvest). Especialista em Educação Física Escolar (Unoeste), em Psicomotricidade, e Ensino Lúdico e Bebês na Educação Infantil (Faculdade São Braz). Autor dos livros *Manual de atividades para crianças pequenas* (Phorte); *Brincar para todos – Inclusão em múltiplas linguagens* (Supimpa); *Recortes e reflexões em educação, brincadeiras e infância* (Brazil Publishing). Docente na Educação Infantil. Palestrante. Assessor pedagógico da Editora Brasil Cultural. Rancharia (SP).

Bruno Rossetto de Góis

Graduado em Educação Física (Fefisa). Especialista em Psicomotricidade (Academus) e em Educação Física Escolar (Fefisa). Professor de Educação Física Escolar do Colégio Olivetano; docente dos cursos de Educação Física e Pedagogia (Anhanguera) e da Pós-Graduação em Psicomotricidade (Unicid). Mestrando em Ciências da Educação pela Faculdade Interamericana de Ciências Sociais (Fics). São Paulo (SP).

Cristiano dos Santos Araújo

Graduado em Educação Física (Unip). Especialista em Educação Física Escolar (FMU) e em Psicopedagogia (UAM). Professor de Educação Física Infantil – Colégio Magno/Mágico de Oz. Facilitador em jogos cooperativos. Contador de histórias e manipulador de bonecos. Diretor pedagógico da Cia. Nossa Turma. Autor de 15 livros em Educação e Educação Física. Palestrante. Diretor da *Brincadeiras e Jogos*, *Florescer Bebês* e *Bora Brincar*. São Paulo (SP).

Fernando José Casati dos Santos

Graduado em Educação Física (Unicesumar). Especialista em Psicomotricidade (Faculdade do Centro do Paraná – UCP) e em Educação Especial com ênfase em Deficiência Intelectual e Múltiplas (Faculdade Tecnológica do Vale do Ivaí – Fatec). Professor de Educação Física na rede municipal de educação de Maringá (PR). Colunista da *Brincadeiras e Jogos*. Coautor do livro *Recortes e reflexões em educação, brincadeiras e infância* (Brazil Publishing). Maringá (PR).

Francislene de Sylos

Graduada em Educação Física (Unimes). Especialista em Educação, Ética e Valores na Escola (USP). Professora da rede municipal de São Vicente (SP). Coautora do livro *Recortes e reflexões em educação, brincadeiras e infância* (Brazil Publishing). Colunista da *Brincadeiras e Jogos*. São Vicente (SP).

Giselle Frufrek

Licenciatura em Pedagogia (Unisinos); e em Artes Visuais (Uniasselvi). Especialista em Educação Infantil (Castelo Branco); e em Educação para o Desenvolvimento Humano em Montessori (Uniba). Mestre em Educação (PUC-RS). Brinquedista pela ABBri (SP). Brinquedista do Espaço Fênix – Brinquedoteca Municipal de Capão da Canoa (RS). Capão da Canoa (RS).

Janaína Aparecida Silveira Rosa

Graduada em Educação Física (Universidade do Contestado – UnC). Especialista em Educação Física Escolar e Psicomotricidade (Universidade São Braz). Professora de Educação Física na E.E.B. Embaixador Edmundo da Luz Pinto (2019). Coautora do livro *Recortes e reflexões em educação, brincadeiras e infância* (Brazil Publishing). Colunista da *Brincadeiras e Jogos*. Curitibanos (SC).

José Pedro Scarpel Pacheco

Mestre em Ciências da Motricidade pelo Instituto de Biociências (Unesp – Rio Claro). Bolsista de Pós-Graduação/Mestrado em Ciências da Motricidade pelo CNPq (Conselho Nacional de Desenvolvimento Científico e Tecnológico). Bacharelado em Educação Física (Unesp – Rio Claro). Membro pesquisador do LEL (Laboratório de Estudos do Lazer/Unesp – Rio Claro) e do Gepege (Grupo de Estudos e Pesquisas em Gestão Esportiva, Universidade Estadual Paulista/ Unesp – Rio Claro). Membro associado da Abragesp (Associação Brasileira de Gestão do Esporte). Autor dos livros *Gestão da informação sobre políticas públicas de esporte e lazer – Impactos social e científico da rede Cedes*, *Webgamescom o corpo – Vivenciando jogos virtuais no mundo real* (Phorte) e *Gestão estratégica das experiências de lazer*. Rio Claro (SP).

Liana Cristina Pinto Tubelo

Licenciatura em Educação Física (UFRGS). Especialista em Ciências do Movimento Humano (Feevale) e em Neuropsicologia (Uniara). Mestre em Educação (PUC-RS). Brinquedista/ABBri (SP). Representante do Núcleo ABBri (Capão da Canoa-RS). Brinquedista e coordenadora do Espaço Fênix – Brinquedoteca Municipal de Capão da Canoa (RS). Palestrante e consultora em eventos, congressos e universidades. Autora dos livros *A antropologia do brinquedo* e *Brincar para todos – Inclusão em múltiplas linguagens* (org.) (Supimpa); e *Recortes e reflexões em educação, brincadeiras e infância* (Brazil Publishing). Capão da Canoa (RS).

Luciana Queiroz Rodrigues Moreira

Graduada em Geografia (PUC). Especialista em Educação Ambiental (UEMG). Brinquedista idealizadora e responsável na Brinquedoteca Itinerante Colônia do Brincar. Coautora do livro *Recortes e reflexões em educação, brincadeiras e infância* (Brazil Publishing). Belo Horizonte (MG).

Luis Felipe Cordeiro

Licenciado em Educação Física (IFPR – Campus Palmas). Bacharel em Educação Física (Faculdade Horus). Especialista em Educação Especial e Psicomotricidade; e Gestão de Políticas Sociais (Faculdade de Educação São Luís). Especialista em Linguagens Híbridas e Educação (IFPR – Campus Palmas). Professor na Prefeitura Municipal de Palmas (PR). Coordenador pedagógico da Educação Infantil na Escola Terezinha Marins Pettres – Palmas (PR). Coautor do livro *Recortes e reflexões em educação, brincadeiras e infância* (Brazil Publishing). Colunista da *Brincadeiras e Jogos*. Palmas (PR).

Luis Gonzaga Veneziani

Graduado em Educação Física (Univap). Mestrado em Psicogerontologia (Educatie). Professor de Educação Física Escolar da Escola Monteiro Lobato. Docente da Unip – Universidade Paulista e Faculdade Anhanguera – São José dos Campos. Professor-convidado da Pós-Graduação em Recreação e Lazer – FMU. Recreador. Educador. Palestrante.

Marília Camargo da Silva Araújo

Graduada em Educação Física (Unimep) e em Pedagogia (Falc). Especialista em Dança e Consciência Corporal (Universidade Gama Filho). Coordenadora pedagógica da rede municipal na cidade de Santa Bárbara d'Oeste (SP). Professora de Educação Física da rede municipal e estadual na mesma cidade. Coautora dos livros *Brincar para todos – Inclusão em múltiplas linguagens* (Supimpa) e *Recortes e reflexões em educação, brincadeiras e infância* (Brazil Publishing). Palestrante. Santa Bárbara d'Oeste (SP).

Marília Cristina da Costa e Silva

Bailarina, arte-educadora e pesquisadora. Graduada em Dança e Movimento (Universidade Anhembi Morumbi). Especialista em Transdisciplinaridade em Saúde, Educação, Liderança e Cultura de Paz (Faculdade Campos Elíseos/Unipaz). Formada em balé clássico pela Royal Academy of Dance. Docente do Curso de Pós-Graduação em Dança e Consciência Corporal (Estácio, USCS e FMU). Intérprete e criadora do solo *Inquieta razão*, com temporadas no Brasil e Portugal. Arte-educadora com atuação em projetos de formação do cidadão por meio da arte. Participa do Programa Fábrica de Cultura (Catavento Cultural e Educacional) lecionando dança para crianças, jovens e adultos iniciantes. Idealizadora dos projetos *FlorescerIDADE – Dança e expressão corporal para a melhor idade* e *Infinito Movimento – (re) descobrindo o corpo em movimento*. Cocriadora do *Projeto Florescer – Movimento e arte para bebês e família*. Como bailarina, integrou a Biz Cia. de Dança (2016-2017); e a Fletir Cia de Dança (2008-2013). Atualmente desenvolve pesquisas em dança entrelaçada aos campos da educação e da qualidade de vida. Teve em sua formação mestres como Miti Warangae, Toshie Kobayashi, Luiza Gentile, Ismael Guiser, Penha de Souza e Luis Cury. São Paulo (SP).

Mário Luis Biffi Pozzi

Graduado em Educação Física. Membro da Academia Brasileira de Treinadores do Comitê Olímpico do Brasil. Coordenador do Cefit. Diretor do Cefitlap. Líder de conhecimento da Fast Avaliação. Autor dos livros *Educação Física escolar – Olhares sobre o corpo* (All Print) e *Recortes e reflexões em educação, brincadeiras e infância* (Brazil Publishing). Diretor da Kids Move Consultoria. Palestrante. São Paulo (SP).

Mérie Hellen Gomes de Araújo da Costa e Silva

Graduada em Educação Física (UniSant'Anna). Especialista em Educação Física Escolar (FMU). Pós-graduanda em Psicomotricidade (Associação Vem Ser). Diretora da *Florescer Bebês*. Autora dos livros *O fenômeno do brincar – Ciências e imaginação, Jogos do mundo todo* (Supimpa); *Manual de atividades para crianças pequenas* (Phorte); *Lazer e recreação – Conceitos e práticas culturais* (WAK); e *Natação e atividades aquáticas* (Ícone). Palestrante. São Paulo (SP).

Michela das Graças Resende Ribeiro

Graduada em Educação Física (Faculdade Presbiteriana Gammon). Especialista em Musculação (UVA) e Nutrição Humana e Saúde (Ufla). Docente da Universidade Estadual de Minas Gerais (UEMG). Professora dos Colégios Del Rey Internacional e Objetivo NHN em

Passos (MG). Colunista da *Brincadeiras e Jogos*. Coautora dos livros *Brincar para todos – Inclusão em múltiplas linguagens* (Supimpa) e *Recortes e reflexões em educação, brincadeiras e infância* (Brazil Publishing). Palestrante. Passos (MG).

Patrícia Danieli Horn

Licenciada em Educação Física. Especialista em atendimento educacional especializado. Professora de Educação Física da Escola Crescer de Pato Branco (PR). Coautora do livro *Recortes e reflexões em educação, brincadeiras e infância* (Brazil Publishing). Colunista da *Brincadeiras e Jogos*. Pato Branco (PR).

Rafael Fiori

Licenciatura plena em Educação Física (Esef Jundiaí). Especialista em Educação Física Escolar (Esef Jundiaí). Professor de Educação Física na E.M. Dr. José Aparecido Ferreira Franco e na E.M. Therezinha do Menino Jesus Silveira Campos Sirera na Prefeitura da Estância de Atibaia. Coautor do livro *Recortes e reflexões em educação, brincadeiras e infância* (Brazil Publishing). Colunista da *Brincadeiras e Jogos*. Atibaia (SP).

Rayane Monique Faria

Graduada em Educação Física (Unifor/MG). Especialista em Lúdico e Psicomotricidade na Educação Infantil, e Educação Física Escolar com Ênfase em Inclusão (Faculdade de Educação São Luís). Professora da rede pública de ensino no município de Pedra do Indaiá (MG). Professora de Natação e Educação Física na Apae de Santo Antônio do Monte (MG). Proprietária da Lúdico Mania Recreação e Lazer. Diretora e colunista da *Brincadeiras e Jogos*. Coautora do livro *Recortes e reflexões em educação, brincadeiras e infância* (Brazil Publishing). Coreógrafa. Escritora. Palestrante. Santo Antônio do Monte (MG).

Rodrigo Lucas (Tio Rodrigo)

Artista infantil, músico autodidata, compositor e intérprete. Turismólogo (IFPE) e recreador, fundador da Acordes e Alegria (lazer e entretenimento). Diretor de voluntariado da Associação Empreendeler (ONG de Educação). Colunista da *Brincadeiras e Jogos*. Criador do CD e Projeto *Brincadeiras Cantadas* e do CD *Boca de Forno*. Palestrante e oficineiro. Recife (PE).

Rubens Rollo Cavallin Junior

Professor de Educação Física (Esefa – Andradina). Especialista em Educação Física Escolar, em Gestão Ambiental e em Educação Especial e Metodologia em Educação Física. Docente da Faculdade Unifadra nos cursos de Educação Física e Pedagogia, em Dracena. Professor do Colégio Anglo Dracena. Professor municipal de Santa Mercedes. Palestrante. Tupi Paulista (SP).

Taísa Gargantini Pace

Graduada em Educação Física (Unitoledo). Especialista em Fisiologia do Exercício (UniSalesiano) e em Ensino Lúdico (Faculdade de Educação São Luís). Especialista em Educação Física Escolar com ênfase na Inclusão (Faculdade de Educação São Luís). Pós-graduanda em Educação Especial e Psicomotricidade (Unifacvest). Professora Efetiva PEB II de Educação Física na Emeb. Índio Poti, em Araçatuba (SP). Professora de treinamento funcional para adultos. Araçatuba (SP).

Tiago Aquino da Costa e Silva (Paçoca)

Graduado em Educação Física (FMU). Especialista em Educação Física Escolar (FMU). Membro pesquisador do LEL (Laboratório de Estudos do Lazer (LEL/DEF/IB/Unesp – Rio Claro/SP). Membro da World Leisure Organization. Coordenador da Pós-Graduação em Lazer e Recreação (FMU e USCS). Autor de 45 livros em Educação, Gestão e Educação Física. Diretor da *Kids Move Consultoria, Entretenimento SP, Brincadeiras e Jogos, Florescer Bebês* e *Lab-Brincar* (Laboratório de Estudos e Práticas em Brincadeiras e Jogos). Consultor e palestrante. São Paulo (SP).

Victor César Shing

Graduado em Licenciatura e Bacharelado em Educação Física (Uniban). Especialista em Educação Física Escolar (FMU). Docente do Curso de Pós-Graduação em Recreação e Lazer (FMU). Sócio-fundador da Anpel (Associação Brasileira de Pesquisa e Pós-Graduação em Estudos do Lazer). Professor de Educação Física escolar do Colégio Educar Guarulhos. Palhaço profissional (DRT 0040871/SP). Palhaço finalista do *Street Performance Dublin* (Irlanda). Presidente da equipe Basquete Rosa Branca. Palestrante e oficineiro. São Paulo (SP).

Volney Paulo Guaranha

Graduado em Educação Física. Bacharel em Turismo e Guia de Turismo Nacional e América do Sul. Especialista em Lazer e Animação Sociocultural (Senac). MBA em Marketing e Vendas (Uniderp). MBA em Liderança e Coaching para Gestão de Pessoas (Uniderp). Docente da Pós-Graduação em Recreação e Lazer FMU e USCS. Autor dos livros *Recreação em ônibus para passeios pedagógicos* e *Recreação aqui e acolá* (Baraúna); *Guia de atividades da hora do brincar – Roteiro do professor* (Vooinho); *Lazer e recreação – Conceitos e práticas culturais* (WAK) e *Recortes e reflexões em educação, brincadeiras e infância* (Brazil Publishing). Professor do Colégio Guimarães Barbosa. Docente da Unisal – Programa da Idade Ativa. Palestrante e *coaching* em lazer e recreação. São Paulo (SP).

Waldiney Alexandre dos Santos Silva

Formado em Letras (Faculdade de Educação de Oswaldo Cruz). Especialista em Língua Portuguesa. Formado em Pedagogia (Uninove). Especialista em Educação Infantil – Práticas em Sala de Aula (Faculdade São Braz). Professor de creche (titular de cargo) – Prefeitura Municipal de Rancharia e professor da mesma rede. Coordenador pedagógico na U.E.I. Avelino Miranda de Moraes na cidade de Rancharia. Coautor do livro *Recortes e reflexões em educação, brincadeiras e infância* (Brazil Publishing). Colunista da *Brincadeiras e Jogos*. Rancharia (SP).

CULTURAL

Administração
Antropologia
Biografias
Comunicação
Dinâmicas e Jogos
Ecologia e Meio Ambiente
Educação e Pedagogia
Filosofia
História
Letras e Literatura
Obras de referência
Política
Psicologia
Saúde e Nutrição
Serviço Social e Trabalho
Sociologia

CATEQUÉTICO PASTORAL

Catequese
Geral
Crisma
Primeira Eucaristia

Pastoral
Geral
Sacramental
Familiar
Social
Ensino Religioso Escolar

TEOLÓGICO ESPIRITUAL

Biografias
Devocionários
Espiritualidade e Mística
Espiritualidade Mariana
Franciscanismo
Autoconhecimento
Liturgia
Obras de referência
Sagrada Escritura e Livros Apócrifos

Teologia
Bíblica
Histórica
Prática
Sistemática

REVISTAS

Concilium
Estudos Bíblicos
Grande Sinal
REB (Revista Eclesiástica Brasileira)

VOZES NOBILIS

Uma linha editorial especial, com importantes autores, alto valor agregado e qualidade superior.

VOZES DE BOLSO

Obras clássicas de Ciências Humanas em formato de bolso.

PRODUTOS SAZONAIS

Folhinha do Sagrado Coração de Jesus
Calendário de mesa do Sagrado Coração de Jesus
Agenda do Sagrado Coração de Jesus
Almanaque Santo Antônio
Agendinha
Diário Vozes
Meditações para o dia a dia
Encontro diário com Deus
Guia Litúrgico

CADASTRE-SE
www.vozes.com.br

EDITORA VOZES LTDA.
Rua Frei Luís, 100 – Centro – Cep 25689-900 – Petrópolis, RJ
Tel.: (24) 2233-9000 – Fax: (24) 2231-4676 – E-mail: vendas@vozes.com.br

UNIDADES NO BRASIL: Belo Horizonte, MG – Brasília, DF – Campinas, SP – Cuiabá, MT
Curitiba, PR – Fortaleza, CE – Goiânia, GO – Juiz de Fora, MG
Manaus, AM – Petrópolis, RJ – Porto Alegre, RS – Recife, PE – Rio de Janeiro, RJ
Salvador, BA – São Paulo, SP